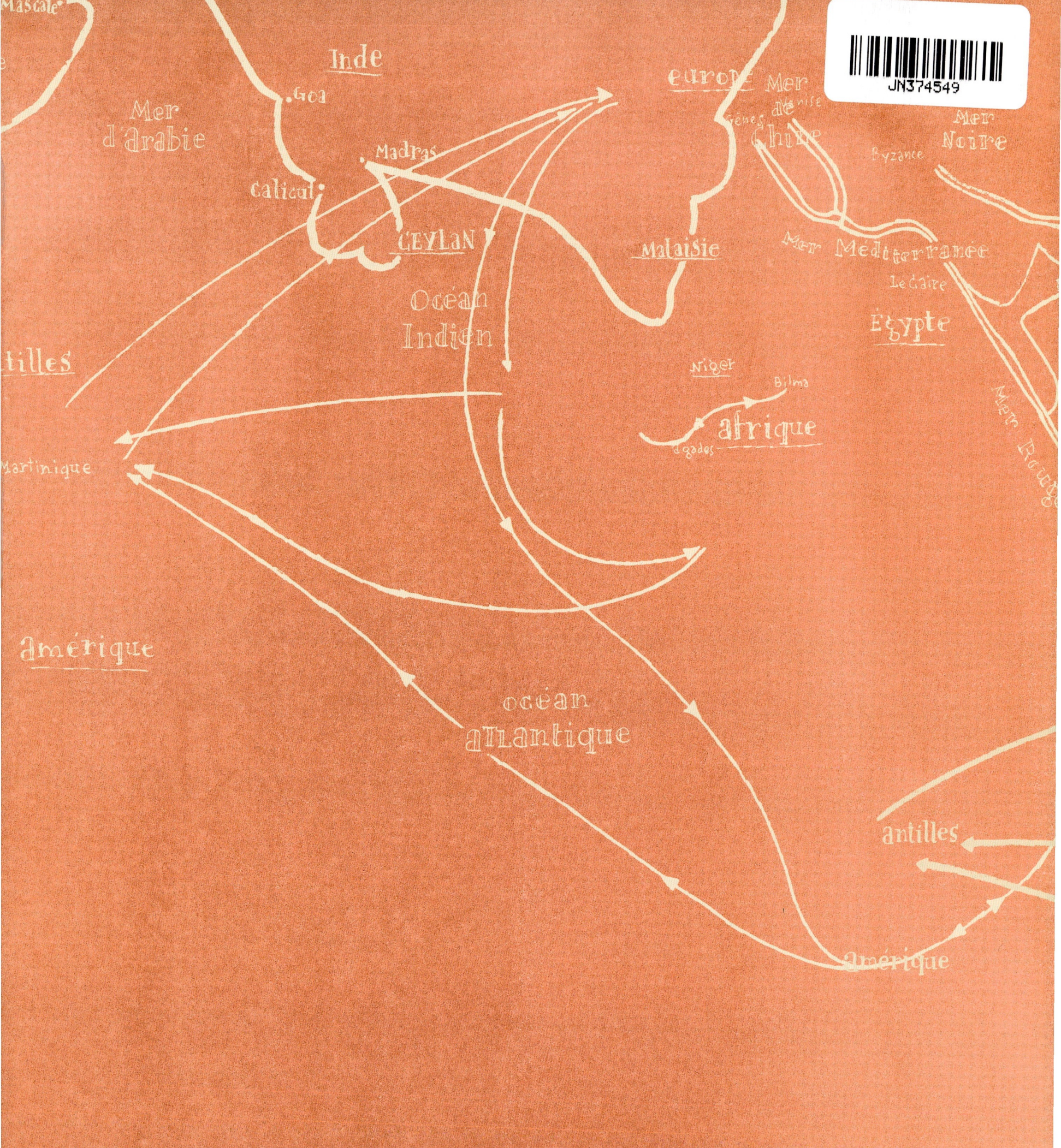

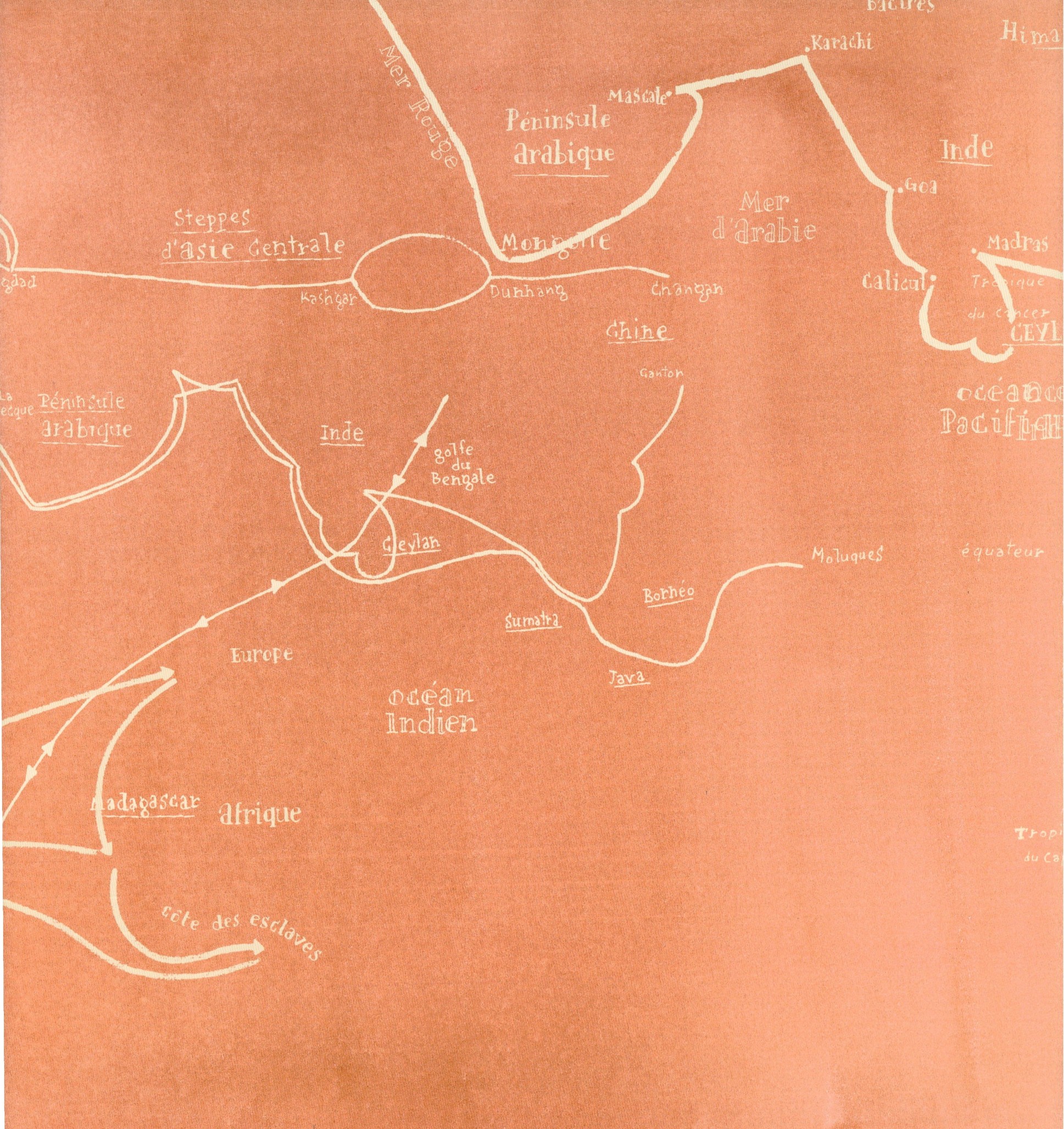

슈퍼로드

LES GRANDES ROUTES
by Annick de Giry and illustrated by Christophe Merlin
Copyright © Editions du Seuil, Paris, 2011
Korean Translation Copyright © Yeo Woon Corp., 2015
All Rights Reserved

This Korean edition was published by arrangement with
Editions du Seuil (Paris)
through Bestun Korea Agency Co., Seoul.

이 책의 한국어판 저작권은 베스툰 코리아 에이전시를 통해
저작권자와의 독점계약으로 '(주)여운'에 있습니다.
저작권법에 의해 한국 내에서 보호를 받는 저작물이므로
무단전재와 무단복제를 금합니다.

파노라마

슈퍼로드

비단, 향신료, 소금, 황금, 차

아니크 드 쥐리 쓰고, 크리스토프 메를렝 그림 ‖ 이윤정·조청현 옮김

옴 리브르
Homme Libre

엘렌느 쟝똥님과 안느 드 불레이에님께 감사드립니다.
두 분 모두 원고를 세심하게 읽어 주셨고, 친절한 조언도 아낌없이 건네주셨습니다.
아울러, 이 책의 가치를 높이 평가해 주신 프랑수와즈 마뜨님과
이 책이 출간되기까지 열심히 도와주신 까롤린 드루오님께도
감사의 말씀을 드립니다.

아니크 드 쥐리

일러두기

우측 상단에 * 표시된 내용에 대한 해설은 각 길의 본문이 끝나는 곳마다 덧붙여 두었다.

지은이
아니크 드 쥐리
(Annick de Giry)

대학에서 미술사를 전공한 후, 프랑스국립문화재연구소에서 일했다. 아니크 드 쥐리는 청소년 독자층을 겨냥하여 역사·문화 분야의 주제를 쉽고 재미있게 쓰기 위해 펜을 들었다고 한다. 특히 세계사에서 중요하게 기억되는 다양한 인물들의 모험 이야기를 소재로 한 기행문이나 일기 형식의 책을 꾸준히 펴내고 있다.

그린이
크리스토프 메를렝
(Christophe Merlin)

어릴 적 꿈은 카 레이서였는데, 한때 미니어처 디자인을 하다가 삽화를 그리기 시작했다. 메를렝이 가장 좋아하는 세 가지는 자동차, 그림, 길. 그래서 길과 여행에 관한 삽화를 주로 그려왔다. 현재 프랑스에서 광고, 미디어, 출판물의 삽화가로 활동 중이다. 메를렝의 주특기는 대상의 전체 혹은 일부를 과장하거나 비대칭으로 묘사함으로써, 재미있고 친근한 느낌을 주는 데 있다. 또한 글과 그림이 서로 조화를 이루는 것을 중시하면서도, 동시에 그림에 허용된 공간을 최대한 활용하여, 시원스럽고 웅장한 느낌의 파노라마를 화려한 색감과 함께 연출한다.

옮긴이
이윤정

대학원에서 불어학을 공부했으며, 프랑스 파리 7대학에서 언어학(인간의 언어활동과 언어 형태-의미의 역동적 관계)을 공부했다. 언어학 이외에도 다양한 분야로 관심의 폭을 넓혀 가고 있다.

조청현

대학원에서 서양사를 공부했으며, 프랑스 파리 1대학에서 프랑스 근현대사를 전공했다. 19세기 프랑스 사회에서 노동자 가족과 아동이 처했던 여러 문제들을 주제로 하여 다수의 논문을 발표했다.

차례

프롤로그 8
    위대한 길로의 초대

길의 파노라마 10

비단길을 수놓은 꿈들 12
  비단길의 갈래 14

  꿈을 품고 떠나는 사람들 16
    정복자들
    순례자들
    외교 사절단
    상인들

  비단의 발견과 중국이 낳은 발명품 20
    비단
    종이
    인쇄술
    도자기

  지금, 다시 꿈을 꾸다 22
    더 이상 갈 수 없는 길
    비단이 열어 준 소통과 융합의 길
    옐로우 크루즈, 자동차를 타고 비단길을 횡단하다!
    다시 비단길을 떠나보자!

  미주 24

신비의 세계로부터 오는 향신료 28
  그들은 유럽으로 무엇을 가져갔나? 30
    입을 즐겁게 하는 양념
    매혹의 향
    효험이 있는 약용식물
    유해를 보존하는 방부제
    의식을 더욱 성스럽게
    외교 협상 카드
    원산지 가격의 40배

  향신료는 어느 길로 움직였을까? 32
    대륙과 바다 중 어느 길이 더 유리했나?
    향, 어느새 아프리카와 통하다

  누가 향신료 길의 최대 수혜자였나? 33
    중계무역을 하는 도시들
    아랍의 독점
    비잔틴, 베네치아의 손을 들어주다

  신바드와 이븐바투타 34
    뱃사람 신바드
    이븐바투타

  향신료의 길, 진보의 원천이 되다 36
    종이 한 장에 세계를 담다
    동양의 우수한 항해 도구
    아랍의 선진화된 항해술

  미주 38

테네레의 소금 대상 40

소금 대상을 이끌고 테네레 사막을 횡단한 소년의 일기 42
- 7-9월, 떠날 채비를 하다.
- 9월 말, 아이르 산맥을 향하여 힘차게 출발하다
- 6일 째, 테네레를 건너다
- 8일째, 테네레의 천연기념물
- 9일째, 라고
- 10일째, 모래 폭풍을 만나다
- 14일째, 파치의 오아시스
- 20일째, 빌마 염전에서
- 24일째, 귀로

소금 대상의 오늘과 내일 49

미주 50

황금과 태양빛이 가득한 신대륙을 향하여! 52

- 황금에 눈이 먼 정복자들
- '백금'으로 통한 사탕수수
- 미타가 부른 제앙
- 노예를 찾아서
- 신대륙, 새로운 흑인 노예 시장이 되다
- 화약 ↔ 노예 ↔ 설탕의 교환: 삼각무역의 형성
- 황금과 은을 나르는 배들
- 불법 해적단과 왕실 공인 해적단
- 순항의 조건: 바람과 경도
- 돈이 유럽의 권력 지도를 바꾸다

미주 60

차를 둘러싼 경쟁과 갈등의 길 62

- '항해왕자' 엔리케
- 인도회사
- 모두가 원하는 그것

로베르 샬의 인도 기행문 65

미주 72

에필로그 74

- 회상
- 다시, 길을 꿈꾸다

프롤로그

위대한 길로의 초대

광활하고 메마른 대지 위로 끝없이 펼쳐지는 비단길. 신비에 쌓인 미지의 세계를 향해 열리는 향신료의 길. 낙타의 등에 소금을 싣고 사막을 걷는 대상隊商*의 길. 황금을 찾기 위해 떠났던 거칠고 잔혹한 바닷길. 육중한 배들이 오직 차를 구하기 위해 앞다투어 인도를 향해 나아간다.

길에는 저마다 고유한 분위기와 리듬이 있다. 그러나 미지의 길을 떠날 때에는 그럴만한 이유가 필요하다. 길의 곳곳에는 예측할 수 없는 위험이 도사리고 있으며, 등에 무거운 짐을 실은 낙타와 상인들의 발걸음은 너무도 더딘데다가, 바닷길 또한 워낙 험난해서 영영 돌아오지 못할 수 있기 때문이다. 그럼에도 아주 오랜 세월 동안 그토록 많은 이들이 한 달이고 일 년이 걸려서라도, 대륙과 대륙을 이어 주는 모험과 장사의 길을 떠나기를 고집한데에는 분명 그럴만한 이유가 있었을 것이다.

유목민, 상인, 외교 사절단, 순례자…. 이들은 길에서 만나고, 헤어지고, 다시 각자의 길을 떠나곤 했다. 그러나 단지 물건이나 돈만 주고 받은 것이 아니다. 길에서 만난 사람들은 다양한 가치관과 종교 그리고 기술을 교류하거나 다른 지역으로 소개하기도 했다.

사람들은 길에서 겪은 특별한 일들을 틈틈이 아주 상세한 기록으로 남기곤 했다. 물론 마르코 폴로의 모험담은 그가 여행에서 돌아온 이후에야 책으로 쓰이긴 했다.

이 책에서는 길을 떠났던 사람들이 남긴 '여행 노트'들을 엮어 놓은 듯한 이야기들이 파노라마처럼 펼쳐진다. 여러분은 꿈과 새로운 만남으로 가슴이 두근거리는 경이롭고 '위대한 길'이 이끄는 세계와 만나게 될 것이다.

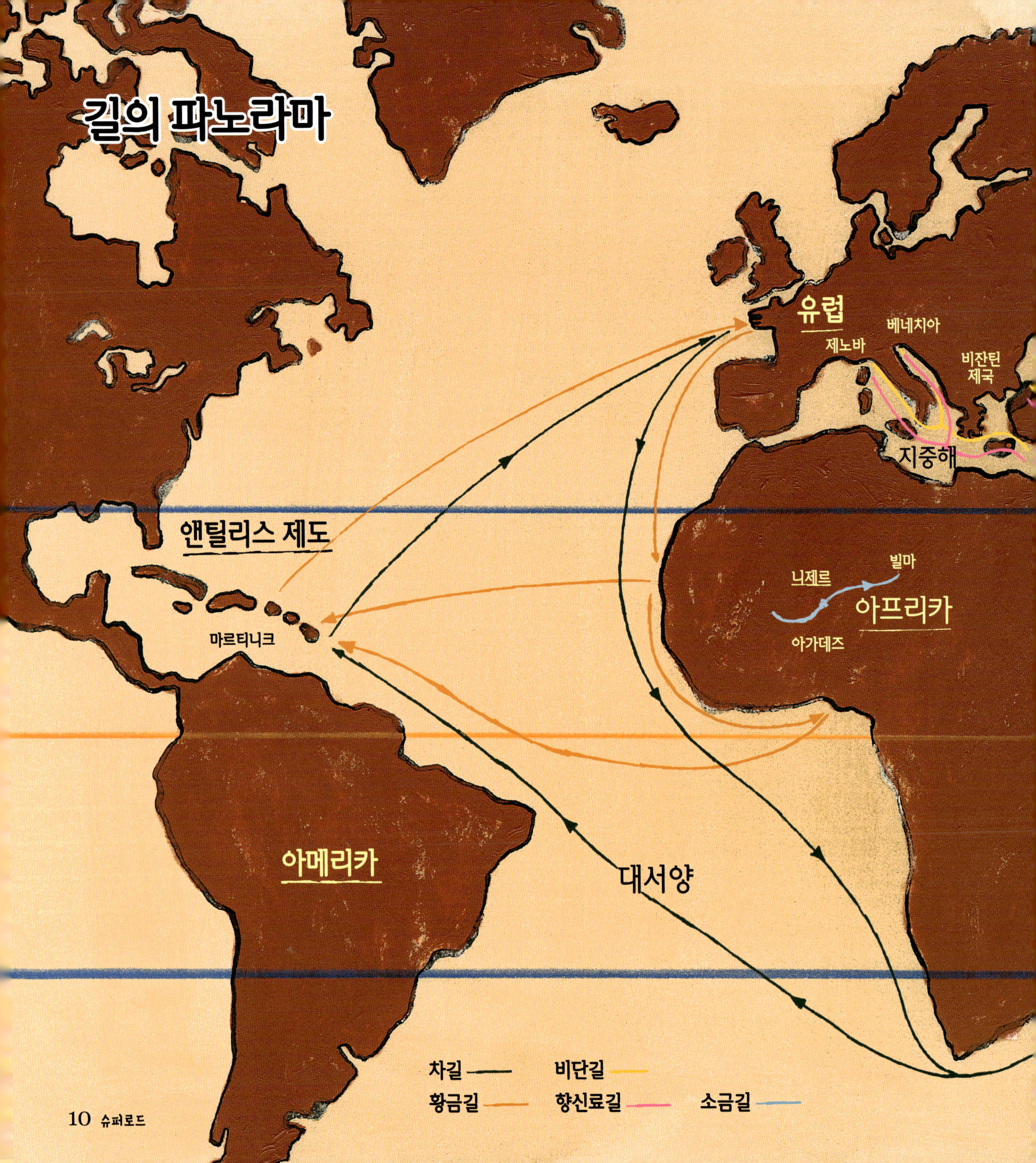

비단길을 수놓은 꿈들,
유라시아 대륙을 횡단하다.

비단길. 이 신비로운 표현을 마주하는 순간, 감촉이 몹시 부드럽고 고급스러운 천,
가슴을 뛰게 하는 낯선 모험의 세계가 한꺼번에 몰려오는 듯하다.
'비단길'이라는 용어는 사실 19세기에 비로소 등장했는데, 단순한 '길' 이상의 의미를 가지고 있다.
비단길을 중심으로 여러 길들이 얽히고설키면서 '길의 네트워크'가 형성되었기 때문이다.
비단길을 중심으로 중국과 지중해 연안의 도시국가 간의 무역이 가능했으며,
이 길에서 거래된 다양한 물건들 중에서도 비단은 가장 고급스럽고, 비중 있는 상품으로 취급되었다.*
자, 지금부터 비단길을 따라 멋진 여행을 떠나보자.

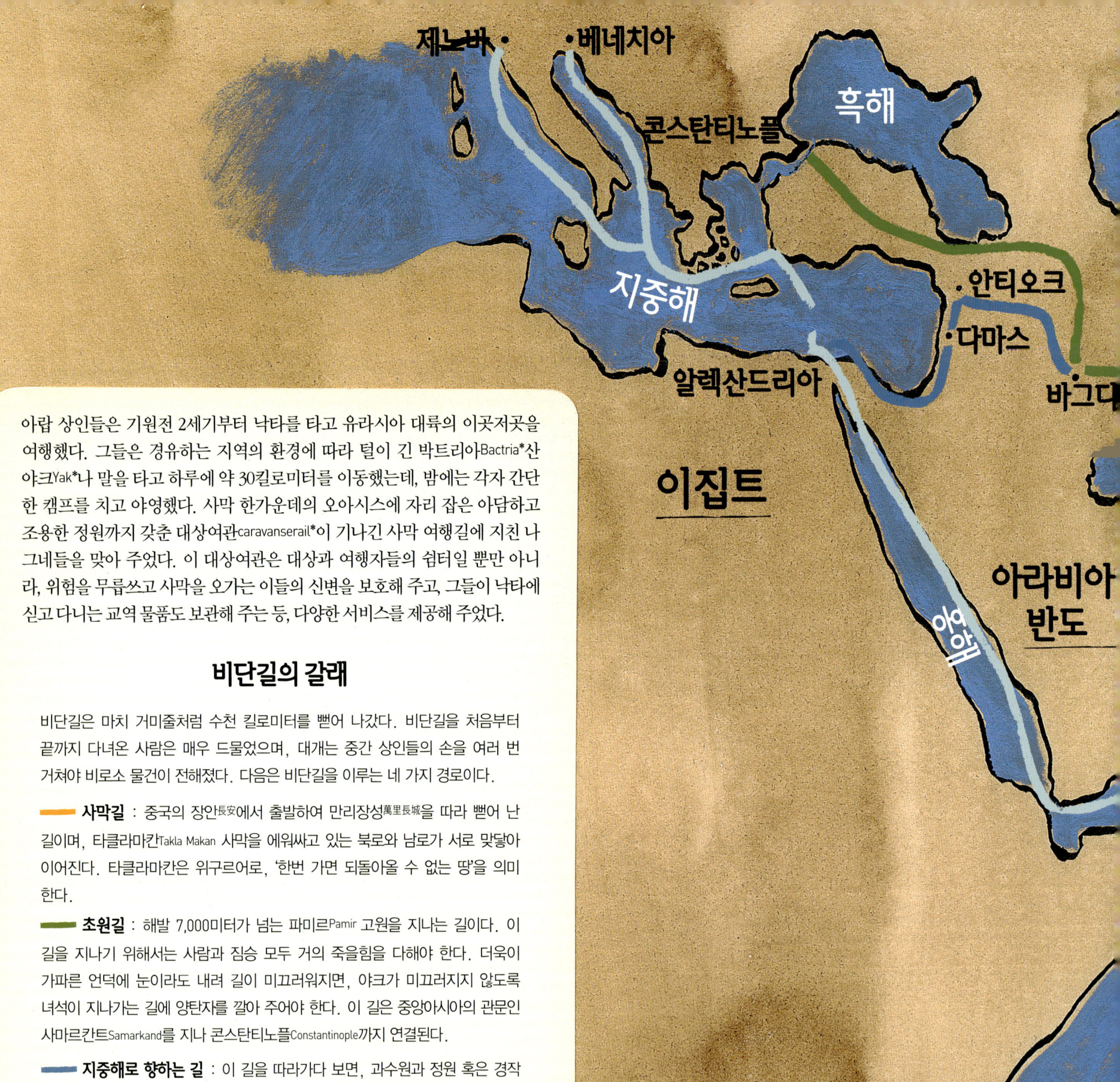

아랍 상인들은 기원전 2세기부터 낙타를 타고 유라시아 대륙의 이곳저곳을 여행했다. 그들은 경유하는 지역의 환경에 따라 털이 긴 박트리아Bactria*산 야크Yak*나 말을 타고 하루에 약 30킬로미터를 이동했는데, 밤에는 각자 간단한 캠프를 치고 야영했다. 사막 한가운데의 오아시스에 자리 잡은 아담하고 조용한 정원까지 갖춘 대상여관caravanserail*이 기나긴 사막 여행길에 지친 나그네들을 맞아 주었다. 이 대상여관은 대상과 여행자들의 쉼터일 뿐만 아니라, 위험을 무릅쓰고 사막을 오가는 이들의 신변을 보호해 주고, 그들이 낙타에 싣고 다니는 교역 물품도 보관해 주는 등, 다양한 서비스를 제공해 주었다.

비단길의 갈래

비단길은 마치 거미줄처럼 수천 킬로미터를 뻗어 나갔다. 비단길을 처음부터 끝까지 다녀온 사람은 매우 드물었으며, 대개는 중간 상인들의 손을 여러 번 거쳐야 비로소 물건이 전해졌다. 다음은 비단길을 이루는 네 가지 경로이다.

- **사막길** : 중국의 장안長安에서 출발하여 만리장성萬里長城을 따라 뻗어 난 길이며, 타클라마칸Takla Makan 사막을 에워싸고 있는 북로와 남로가 서로 맞닿아 이어진다. 타클라마칸은 위구르어로, '한번 가면 되돌아올 수 없는 땅'을 의미한다.

- **초원길** : 해발 7,000미터가 넘는 파미르Pamir 고원을 지나는 길이다. 이 길을 지나기 위해서는 사람과 짐승 모두 거의 죽을힘을 다해야 한다. 더욱이 가파른 언덕에 눈이라도 내려 길이 미끄러워지면, 야크가 미끄러지지 않도록 녀석이 지나가는 길에 양탄자를 깔아 주어야 한다. 이 길은 중앙아시아의 관문인 사마르칸트Samarkand를 지나 콘스탄티노플Constantinople까지 연결된다.

- **지중해로 향하는 길** : 이 길을 따라가다 보면, 과수원과 정원 혹은 경작지와 같은 일상적인 풍경을 만나게 되고, 어느덧 지중해 연안의 대규모 항구에 다다른다.

- **바닷길** : 상인들은 육로가 그다지 안전하지 못할 때에는 바닷길을 택하기도 했다. 중국 광저우廣州에서 출발하여 제노바Genova와 베네치아Venezia를 거쳐 서유럽으로 접어드는 길이며, 이는 향신료의 여정이기도 하다.

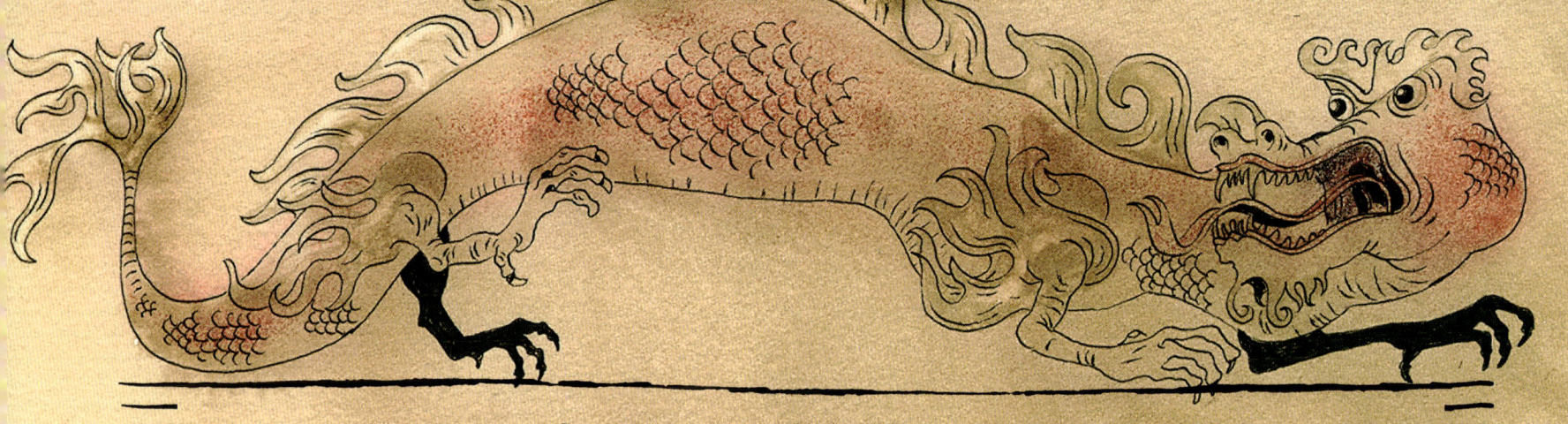

꿈을 품고 떠나는 사람들

비단길 위에서 사람들은 끊임없이 만나고, 그 만남을 통해 자신이 갖지 못한 것을 얻었는데, 그것은 오랜 세월을 두고 되풀이되어 왔다. 세상에서 보기 드문 진귀한 물건들이 소개되기도 하고, 새로운 종교가 일어나는가 하면, 때로는 종교들 간의 충돌이 빚어지기도 하고, 그러다 보면 문화가 뒤섞이면서 새로운 무언가가 발명되고, 그 새로운 것은 다시 사람과 길을 따라 돌고 돌았다. 전설처럼 멀게만 느껴졌던 꿈의 비단길을 실제로 다녀온 사람들의 수가 늘어날수록 그 길의 풍경을 그림이나 글로 남기려는 이들도 점차 많아졌다. 그런데, 사람들은 과연 어떤 꿈, 어떤 생각을 품고서 비단길을 떠났을까? 어떤 이들은 세계를 지배하는 꿈을 꾸었을 것이고, 다른 이들은 소박한 마음으로 종교의 발생지를 찾아 떠났을 것이다. 또 어떤 이들은 벼락부자가 되고 싶은 마음이 이끄는 대로 기나긴 여행을 감행했을 것이다. 그러나 떠나기 전에는 어느 누구도 이 길이 숨겨 놓았을지도 모를 치명적인 위험은 예상하지 못했을 것이다.

정복자들

알렉산드로스^{Alexandros}*, 비단길의 미래를 열다.

알렉산드로스 대왕의 정복은 기원전 4세기경, 그리스와 중앙아시아 그리고 인도의 문화가 교류할 수 있는 결정적인 계기를 마련해 주었다. 즉, 동양과 서양의 만남을 주선함으로써, 비단길의 미래를 열어준 것이다.

혈기 넘치는 마케도니아*의 제왕 알렉산드로스는 아시아를 향해 진격했다. 당시 맹위를 떨치던 페르시아 제국을 정복했지만, 그는 쉬지 않고 동쪽으로 진군하여 중앙아시아의 여러 나라들을 복속시킨 뒤, 마침내 인도에 닿았다. 하지만 그의 대장정은 거기서 멈췄다. 기나긴 원정에 기진한 그의 병사들이 더 이상 진군하기를 거부했기 때문이다. 그러나 알렉산드로스는 단지 자신의 정복욕을 이루기 위해 수많은 군대를 이끌고 그 먼 곳까지 간 것은 아니었다. 그는 자신이 복속시킨 지역의 문화와 풍습을 존중하는 의미에서 그리스인과 인도인의 결혼을 장려했다. 그 결과, 그리스와 인도의 매우 이질적인 문화가 결합하여 간다라^{Gandhara} 미술*과 같은 매우 독특한 양식의 문화를 탄생시켰다. 그래서 우리가 간다라 미술 양식에서 그리스와 인도 문화가 결합한 흔적을 발견할 수 있는 것인데, 실제로 간다라의 불상은 그리스의 아폴론 신*을 연상시키기도 한다. 사실 간다라는 당시 아프가니스탄의 동쪽 지역을 가리키는 지명이었다. 알렉산드로스는 유럽에서 인도에 이르기까지, 장차 비단길이 지나게 될 여러 지역들을 포괄하는 거대한 제국을 세웠다.

장건*, 비단길을 탄생시키다.

기원전 138년, 유럽에서 간 어느 상단이 중국인들과 처음 접촉하게 되었다. 중국인들은 당시 중앙아시아의 다양한 민족들과 섞여 살고 있었다. 기원전 2세기경, 유럽인들과 중국인들이 교역을 시작하면서부터 비단길이 본격적으로 열렸다.

기원전 2세기경, 중국의 북쪽 국경을 끊임없이 침략해 오던 흉노匈奴* 때문에 늘 근심이 많았던 한 무제漢武帝*는 당시 국경 수비 대장이었던 장건에게 두 가지 임무를 내렸다. 첫째, 군사와 무기를 신속하고 안전하게 이동시킬 수 있는 튼튼한 말을 구해 올 것. 둘째, 동맹국을 찾을 것. 그리하여 장건은 수많은 병사들과 상단을 이끌고 서역을 향하여 길을 떠났다. 하지만 그는 흉노에게 금세 잡히고 만다. 이후 장건은 13년간의 포로생활과 수차례의 탈주 시도 끝에, 휘하의 병사 한 명만 데리고 가까스로 빠져나온다. 그 두 사람만이 한 무제의 원정대 가운데 유일한 생존자들이었지만, 장건은 중앙아시아 민족들에 관한 매우 소중한 정보를 가져왔다. 가령, 그들의 생활방식, 교역에 사용되는 물건들, 그들이 지나다니는 길 등에 대한 매우 정확한 정보였다. 이어서 사절단과 한혈마汗血馬*로 구성된 2차 원정대가 꾸려졌으며, 장건은 이들을 이끌고 다시 길을 떠났다. 한혈마는 '천마天馬'라 불리던 전설적인 말로, 당시 사람들은 이 동물이 비단길의 안전을 지켜준다고 믿고 있었다. 결국, 장건을 통해 유럽으로 향한 동쪽 길이 열릴 수 있었으며, 비단은 무역품인 동시에 외교 사절단이 선물로 가져가는 명품이 되었다. 이렇게 해서 비단길이 시작된 것이다.

칭기즈 칸, 비단길을 통일하다.

비단길은 칭기즈 칸이 세운 통일된 몽골 제국 안에서 점차 안정을 찾기 시작했다.*

13세기는 송과 이슬람 제국이라는 두 강대국의 세력이 약화되기 시작했던 때이다. 당시 몽골족의 우두머리였던 칭기즈 칸은 이러한 상황을 기회로 삼았다. 그는 중앙아시아 유목민의 청년 병사로 이루어진 대규모의 군대를 이끌고 중국과 중앙아시아 지역의 곳곳을 휩쓸었는데, 정복지의 마을 주민들이 저항하자, 상상을 초월하는 잔혹함으로 그들을 학살했다. 메르프Merv*에서는 심지어 개와 고양이마저 학살의 대상이었다! 그렇게 해서 중국에서부터 이란에 이르는 광활한 지역에 거대한 몽골 제국이 건설되었다.

쿠빌라이 칸*과 팍스 몽골리카. 비단길, 전성기를 맞다.

수없이 많은 나그네들과 상인들이 비단길을 부단히 오고 갔지만, 그들의 안전을 보장해 주는 것은 아무것도 없었다. 그런데 마침내 비단길의 평화를 이뤄낸 어느 황제가 있었으니 …

서쪽 끝으로는 유럽, 동쪽 끝으로는 중국에 걸쳐 있던 비단길의 여정은 너무도 험난하고 불확실했다. 길의 중간 지역에서 유목하는 민족들 간의 갈등과 잦은 전쟁이 비단길을 위태롭게 했기 때문이다. 칭기즈 칸의 손자인 쿠빌라이 칸은 1260년, 몽골 제국의 새 주인이 되었다. 쿠빌라이 칸은 광활한 몽골 제국의 서쪽 끝에서 동쪽 끝까지 펼쳐진 비단길을 통일함으로써, 길의 안전을 보장할 수 있었다. 이것이 이른바 '팍스 몽골리카Pax Mongolica'*이며, 몽골 제국의 힘을 통해 보장되는 평화를 의미한다. 비단길에 내린 안정과 평화는 사람과 물건이 자유롭게 오가고, 경제와 문화가 급성장하는 계기가 되었다. 그리하여 비단길은 쿠빌라이 칸의 통치 시기에 동서 교류의 전성기를 맞이했다.

순례자들

비단길을 따라 종교도 널리 전파되었는데, 이는 다양한 지역에서 온 여행자와 상인들이 가지고 다니는 보따리에 그들의 종교도 함께 묻어 다녔기 때문이다. 당시 유목민들 중에는 그리스도교의 한 갈래인 네스토리안교Nestorianism*를 믿는 자들이 많았다. 또한 1세기에 인도에서 발생하여 타림Tarim 분지를 넘어 온 불교는 중국에까지 그 영향을 미쳤다. 7세기에 아랍의 유목민들 사이에서 자라난 이슬람교도 빠른 속도로 중앙아시아까지 번져 갔다. 순례자들이 종교의 근원지를 찾거나, 혹은 그 종교를 다른 문화권으로 전파하기 위해 걸었던 여정은 비단이 오고간 그 길 위에 있었다.

삼장법사*

구법승求法僧 현장玄奘*은 629년, 불경의 원전을 구하고자 부처*가 태어난 인도까지 걸어서 갔다. 중국을 떠난 현장이 지나간 길에는 수많은 위험이 도사리고 있었을 것이다. 산적에게 잡혀 노예로 팔려 갈 수도 있고, 깎아지른 절벽에서 떨어지거나 추위와 배고픔에 시달리다가 비명횡사할 수도 있기 때문이다. 실제로 현장이 타림 분지의 북부를 향해 출발한 지 얼마 되지 않아, 그의 동행자들 중 여럿이 희생당했다. 그러한 와중에도 현장은 그의 목숨을 노리는 암살자들을 따돌리고, 가까스로 목숨을 건졌다. 그러나 이후, 고비Gobi 사막에서 길을 잃은 적도 있으며, 하물며 마실 물조차 떨어진 적도 있었다. 그는 더 이상 그 길을 가지 않겠다고 다짐하고 지도를 무시한 채, 그저 발길 닿는 대로 걸음을 옮겼다. 그럼에도 어찌어찌 옳은 길로 들어선 덕분에 마침내 인도에 다다랐다.

학구열이 매우 높았던 현장은 당나라로 돌아가기 전까지 16년 내내, 인도의 수많은 성지와 도서관을 다니며 수천 개의 불경을 긁어모았다. 현장은 온갖 고생 끝에 수집한 경전을 몹시 애지중지하여 경전 두루마리들을 말과 코끼리의 등에 단단히 붙들어 매어 두고 귀향길에 올랐지만, 그 중 대부분을 잃어버리고 말았다. 그러나 귀한 불경 원전을 어렵사리 구했다는 뿌듯함을 안고 당나라로 돌아온 현장은 그 후, 산스크리트어로 쓰인 불경을 중국어로 번역하기 위하여 사찰에 칩거했다고 한다.

외교 사절단

비단길을 중심으로 중국과 유럽은 길의 양 끝자락에 위치하고 있기에 직접적인 접촉을 가지지 못했다. 당시 비단길이 지나는 지역에 살고 있던 유목민들이 길을 이용하는 상인과 여행자들에게 무거운 통행세를 물리고, 심지어 교역 물품을 갈취하는 경우도 잦았다.* 하지만 모든 것을 불사하고 비단길의 끝까지 다녀온 사람들도 있었다.

프란치스코 수도회*

13세기에 들어서, 프란치스코회 수도사 두 명이 몽골 제국의 황제에게 파견된 적이 있었다. 한 명은 교황이, 다른 한 명은 프랑스의 생루이Saint-Louis 왕*이 파견했다. 명분은 몽골 제국과 동맹을 맺는 것이었으나, 실은 몽골 제국을 그리스도교로 개종시키려는 의도가 숨어 있었을 것이다. 첫 번째로 파견된 지오바니 디 피아노 카르피니Giovanni de Piano Carpini*는 아마도 매우 고지식한 성격의 수도사였던지, 몽골 제국의 황제에게 예를 표하기를 거부했다. 하지만 두 번째로 파견된 귀욤 드 루브룩Guillaume de Rubrouck*는 외교적인 융통성을 발휘하여 현지의 예법을 따랐다. 그럼에도 불구하고 그 역시 기대했던 결과를 얻어내지는 못했다. 어쨌거나 이로써 유럽과 몽골 간의 공식적인 첫 접촉이 이루어졌으며, 더욱이 유럽인들이 몽골 제국에 관한 소중한 정보를 확보할 수 있었다는 점에서, 수도사 파견은 작은 성과를 거둔 것으로 보인다.

상인들

서양에서 동양으로 면직물과 모직물, 진주, 포도, 유리 그리고 은이, 동양에서 서양으로는 비단실, 향료, 차, 종이, 도자기와 보석이 전해졌는데, 그 중에서도 가장 중요한 상품은 역시 비단이었다. 고대 로마인들은 비단과 같은 고급 옷감을 위해 돈을 아끼지 않았을 만큼 허영과 사치가 심했다. 이에 대해, 당시 로마인들의 존경을 받고 있었던 가이우스 플리니우스 세쿤두스Gaius Plinius Secundus*는 몸에 찰싹 달라붙어서 실루엣이 다 드러날 만큼 얇고 섬세하게 짜인 비단옷을 가리켜, 매우 '부도덕한' 물건이라며 로마인들이 비단에 지나치게 열광하는 세태를 꼬집었다.

마르코 폴로 Marco Polo

13세기는 바야흐로 몽골 제국이 주도한 대륙의 평화가 자리를 잡았던 시기였다. 그 무렵, 비단길의 서쪽 끝에서 동쪽 끝까지 무사히 다녀온 마르코 폴로라는 이름의 어느 베네치아 인이 있었다. 그의 비단길 여행은 이후, 그 때까지 막연했던 동양을 향한 유럽인들의 꿈에 불을 지폈다.

1271년, 열다섯 살 소년 마르코는 베네치아의 상인인 아버지와 삼촌을 따라 길을 떠났다. 그러나 카타이Cathay*를 향한 그들의 여정은 결코 순탄치 않았다. 온갖 고생 끝에 겨우 살아남은 그들은 겨우 몽골인의 땅에 도착했다. 몽골 제국의 황제인 쿠빌라이 칸은 그들을 기꺼이 환대했다. 칸은 어린 마르코의 재능과 총명함을 한눈에 알아보았다. 칸이 폴로 일가로 하여금 황제의 사신으로서 제국에 머물도록 요청하는 바람에 그들은 고향으로 돌아갈 수 없었다. 그러다 마침내 칸의 나라를 떠날 수 있는 절호의 기회가 주어졌다.* 십대에 베네치아를 떠난 마르코 폴로는 24년이 흐른 뒤에야 고향으로 돌아왔다. 베네치아인들은 몽골에서 막 돌아온 세 나그네를 처음에는 전혀 알아보지 못했지만, 그들이 옷 속에 몰래 숨겨 온 중국산 진주와 보석 등을 꺼내 보여주자, 그들이 어디에서 왔는지 단박에 이해했다.

마르코 폴로의 이야기는 여기에서 끝나지 않는다. 그가 몽골에서 돌아온 지 3년째 되던 해에 '제노바-베네치아 전쟁'이 일어나, 마르코 폴로는 제노바의 포로 수용소에 갇히게 되었다. 그곳에서 마르코 폴로는 함께 포로 신세가 된 루스티첼로 다 피사Rustichello da Pisa*라는 베네치아 인을 만났다. 루스티첼로는 본래 작가인지라, 마르코 폴로의 신기하고 놀라운 여행담을 듣자마자, 그 내용을 책으로 남기자고 제안한다. 몽골에서 용을 만난 이야기, 말하는 개를 만난 이야기, 신기한 재주로 여행자들을 홀리는 사람들이 사는 사막을 횡단한 이야기 등등…. 그렇게 해서 『세계의 기술Divisament dou Monde』*이 쓰이게 되었으며, 중세 이래 최고의 스테디셀러가 되었다. 그리하여 이 책을 읽어 본 사람이라면 누구나 비단과 향신료로 이끄는 머나먼 길을 꿈꾸게 되었다.

비단의 발견과 중국이 낳은 발명품

비단은 제작 단계에서부터 최종 목적지에 이르기까지, 여러 상인들의 손을 거쳤으며 다양한 민족들이 지배하는 지역들을 경유했다. 오히려 이 점이 어쩌면 비단 제작의 비법이 잘 지켜질 수 있었던 이유가 아니었을까…

낙타를 이끌고 광활한 사막을 횡단하는 대상들은 해가 저물면 캠프를 치고 숙박을 했는데, 그곳에서도 역시 다양한 언어가 오고 갔다. 페르시아어, 터키어, 중국어, 아랍어 등등. 중앙아시아에서만 무려 열일곱 개가 넘는 언어가 통용되었기 때문에, 비단길을 지나면서 동원된 통역관의 수를 기준으로 지나온 거리를 계산했을 정도였다고 한다. 이러한 만남이 있었기에 다양한 생각뿐만 아니라, 여러 문화권의 기술과 종교들이 서로 '교차'함으로써 비단길은 더욱 풍요로워질 수 있었다. 그러나 중국인들의 발명품 제작 비법은 당시에는 거의 공개되지 않았다.*

비단

중국에서는 비단이 수천 년 전부터 생산되었다고 한다. 지금으로부터 약 5,000년 전, 뽕잎에서 흰 누에고치를 얻었다는 중국의 어느 황후*의 이야기가 전해지고 있다. 어느 날, 황후는 뽕잎을 우려내어 차를 만들다가 실수로 찻잔 속에 누에고치를 떨어뜨렸다. 황후가 그것을 즉시 건져내려는 순간, 조금 전 뜨거운 물에 떨어진 그 누에고치에서 실이 길게 풀려나왔다고 한다. 그때가 바로 비단실이 발견된 순간이었다! 나비의 애벌레가 흰 뽕나무 잎을 먹으며 자라서 누에가 되는데, 누에고치 한 개에서 뽑아낼 수 있는 실의 길이가 무려 1,500미터나 된다고 한다. 만약 누군가가 비단실에 얽힌 비법을 함부로 누설했다면 목을 내놓아야 할만큼 중요한 발견이었다. 어떤 이들은 이웃 나라의 왕에게 시집을 간 중국의 어느 공주가 친정으로 가져가기 위해 뽕나무 씨와 누에의 알을 자신의 옷깃에 몰래 숨겨 두곤 했다고 수근거렸다. 그런가 하면, 비잔틴Byzantium 제국의 수도승들이 대나무 지팡이 속에 누에의 알을 슬쩍 감춰 두었다가 그들의 황제에게 바쳤다는 이야기도 있다. 어쨌든, 6세기 무렵에는 콘스탄티노플이 누에고치에서 얻은 비단 문화의 꽃이었을 가능성이 높다.*

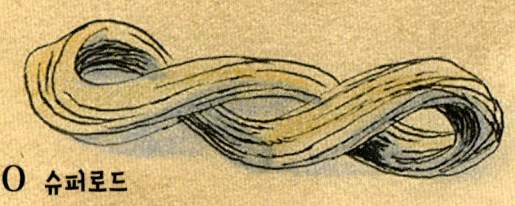

종이

중국인들은 기원전 2세기경부터 이미 종이를 발명하여 사용하고 있었다. 751년, 탈라스 전투*에서 당나라가 패전한 이후, 제지 기술자들이 사마르칸트에 강제로 끌려가면서부터 중국인들의 제지 비법이 알려지기 시작했다. 그 덕분에 사마르칸트는 제지술의 중심지가 될 수 있었다. 그러나 유럽인들은 그로부터 400년이 흐른 뒤에야 비로소 그 기술을 터득하게 된다.

도자기

도자기 역시 비단길을 통해 전파되었다. 도자기는 대단히 곱고 섬세한 고령토高嶺土로 빚어지는 진귀한 물건으로, 1세기경 중국에서 처음 등장했다. 유럽인들은 도자기의 원료가 조개껍질을 잘게 부순 가루일 것이라 믿어오다가, 18세기에 비로소 도자기의 비밀을 알게 되었다.

인쇄술

7세기 무렵, 중국인들은 또 다른 발명품을 만들었다. 목판에 한자를 새김으로써 유교 경전의 사본을 대량 제작 할 수 있게 된 것이다. 그래서 오늘날 우리가 둔황敦煌* 유적지를 찾아가면 인류 최초의 목판 인쇄물 중 하나로 꼽히는 『금강경金剛經』*을 만날 수 있는 것이다. 이는 삼장법사가 인도로 찾아 떠났던, 바로 그 불교 경전들 중 하나이다. 이어서 중국인들은 11세기 중반에 가서는 활판 인쇄술까지 발명해 냈다. 그러나 독일의 구텐베르크Johannes Gutenberg는 1455년이 되어서야 그 인쇄술을 활용할 수 있었다.

지금, 다시 꿈을 꾸다.

더 이상 갈 수 없는 길

14세기 무렵, 몽골을 중국에서 몰아낸 명나라가 쇄국정책을 내세우고, 15세기에 들어서는 오스만 제국이 비단길의 서쪽 끝인 콘스탄티노플을 함락시키자, 유럽인들의 동지중해 진출은 점차 불가능해졌다. 그리하여, 유럽인들은 '다른' 길을 통해 동쪽으로 진출해야 할 절박한 상황에 놓이게 되었다.

15세기 이후 얼마간 잊혔던 비단길이 20세기에 들어와 다시 활기를 띠면서, 많은 탐험가와 연구자들의 열정을 새롭게 불태우는 계기가 마련되었다. 오늘날의 비단길은 물건이 오가는 통로의 기능과 의미를 잃어버렸기에, 우리에게는 마치 전설 속의 길처럼 아득하게 다가올 뿐이다. 그럼에도 이 길 위에서 지난날 맺어졌던 수많은 '관계'들이 인류에게 가져다 준 것들을 되새겨 보는 것은 뜻 깊은 일이다.

옐로우 크루즈 Croisière Jaune(1931년~1932년)*. 자동차를 타고 비단길을 횡단하다!

옛날의 그 비단길을 지날 때, 이제는 더 이상 낙타나 야크를 이용하지 않는다. 시트로엥Citroën을 타고 두 팀으로 나뉘어 비단길을 누비고 다닌 이들이 있었다. 한 팀은 지중해와 맞닿은 베이루트Beirut에서 출발했고, 다른 팀은 중국 톈진天津에서 출발하여 신장을 거쳐 북경에 다다랐다. 두 팀 모두 험난한 지형과 극한의 기상 조건에 맞서 싸워야 했다. 섭씨 50도가 넘는 기온에 휘발유가 증발하거나 심지어 연료 탱크가 폭발하기도 했다. 또한, 산사태로 도로가 끊어지기도 하고, 극한의 추위 속에서 수프가 삽시간에 얼어 버리기도 했다. 심지어 일부 팀원들은 몇 달간 인질로 잡힌 적도 있었다. 탐험 대장들 가운데 한 명이 폐렴으로 사망하는 비극적인 상황에도 불구하고, 옐로우 크루즈는 끝내 성공을 거두었다. 물론 기술의 힘을 빌려 이뤄낸 쾌거이기도 하지만, 무엇보다도 '인간 의지의 승리' 그 자체였다. 탐험을 떠났던 모든 이들이 어마어마한 끈기와 지구력으로 역경을 이겨냈기 때문이다.

비단이 열어 준 소통과 융합의 길

유네스코가 추진한 연구(1988년~1998년)에 따르면, 비단길은 고대 그리스의 철학, 페르시아의 전통 그리고 중앙아시아의 예술이 인도와 중국에까지 전파된 과정을 잘 보여준다. 즉, 길에서 이루어진 수많은 교류가 풍부한 문화유산의 공유로 이어질 수 있었다는 점에서, 비단길이야말로 다양한 문화들 간에 이루어진 '융합의 원형'이라 할 수 있다.

다시 비단길을 떠나보자!

이제는 더 이상 비단길을 처음부터 끝까지 다녀올 수는 없다. 나라 안팎의 정치 상황이 몹시 불안정한 일부 국가들을 경유해야 하기 때문이다. 하지만 그 옛날에 그랬듯이, 여러분도 비단길의 일부 구간은 다녀올 수 있을 것이다.

미주

* **대상**隊商: 특산물을 교역하기 위해 낙타나 말에 상품을 싣고 사막이나 초원과 같은 지역을 횡단하는 상인의 집단을 가리킨다.

* **비단길**Silk Road: 당나라의 장안에서 고대 로마로 이어진 길을 가리킨다. 당시에 그 길을 걸었던 사람들은 '서역으로 가는 길' 혹은 '동양으로 가는 길'과 같이 막연하게 불렀을 것이다. 그러던 것이 19세기에 들어, 독일인 지리학자 리히트호펜Richthofen이 중국의 특산물인 비단이 이 길을 지나 유럽으로 전해진 사실로부터 '실크로드'라는 이름을 붙였다.

* **박트리아**Bactria: 고대 그리스인이 중앙아시아로 진출하여 세운 작은 도시국가에서 출발하였으나, 힌두쿠시 산맥을 넘어 인도에 진출하여 대제국을 건설하게 된다(기원전 180년). 중국에도 그 이름이 알려져 '대하大夏'라 불렸다. 헬레니즘 문화가 인도에 소개된 것은 사실상 박트리아 왕국이 인도의 서부지역으로 진출한 이후부터이다. 간다라 미술 역시, 박트리아로부터 인도와 대승 불교를 받아들인 동아시아로 전파되었다.

* **야크**Yak: 티베트와 히말라야 주변 인근의 고원과 고산지대에서 주로 사는 털이 긴 소의 일종이다. 순발력과 민첩성이 뛰어나서 빠르게 흐르는 강을 헤엄쳐 건널 수 있으며, 가파른 바위산도 너끈히 오를 수 있고, 지구력이 강해 비단길의 사막과 고원을 왕래하는 데 가장 적합한 운송 수단이었다.

* **대상여관**caravanserail: '상인들의 여관'을 뜻한다. 사막과 초원의 통치자들은 왕국 내의 결집력을 강화하고 교류를 활성화시키고자, 교통의 중심지에 여관을 세워서 유지했다. 이외에도 개인 소유의 대상여관도 있었다. 오아시스에 형성된 대부분의 도시에는 사막을 횡단하다 지친 상인들의 휴식처인 대상여관이 자연스럽게 형성되었다.

* **알렉산드로스**Alexandros **대왕, 기원전 356~323**: 20세에 마케도니아의 왕으로 즉위하여 중동과 북아프리카 그리고 중앙아시아를 정복한 뒤, 인도에까지 닿았으며, 그리하여 비단길의 서쪽이 열리게 된다. 그는 자신이 정복한 유럽, 북아프리카, 아시아의 주요 도시에 건설한 '알렉산드리아'를 거미줄처럼 연결한 도로망을 통해 사람과 물건이 쉽게 움직일 수 있는 토대를 마련했다. 그러나 알렉산드로스 대왕이 33세의 젊은 나이에 사망하자 마케도니아 제국은 분열되었다. 이는 문화적 전통이 서로 다른 민족들의 통합이 매우 어려운 일임을 보여준다.

* **마케도니아**Macedonia **왕국**: 초기에는 그리스의 북쪽에 위치한 조그마한 도시국가에 지나지 않았다. 그러나 알렉산드로스 대왕 때에 이르러 그리스를 통일한 뒤, 그 힘을 배경으로 대국으로 발전하였다. 그 후 대제국은 해체되었지만, 그로 인하여 그리스 문화가 아시아와 이집트에까지 퍼져 나갔다.

* **간다라**Gandhara **미술**: 불교 문화와 그리스 문화가 융합된 독특한 미술 양식이다. 그중 간다라 불상은 그리스의 영향을 받아 그 얼굴이나 모습이 서양인을 닮았고, 그리스인들처럼 왼쪽 어깨에 옷을 걸치고 오른쪽 어깨는 드러낸 모습을 하고 있다. 간다라 미술은 대승 불교와 함께 중앙아시아를 거쳐 중국, 우리나라, 일본 등지에 전파되었다.

* **아폴론**Apollon: 고대 그리스 신화에 등장하는 '올림푸스 12신' 가운데 하나이다. 용모가 매우 빼어나, 여신들이나 여자들과의 사랑의 이야기가 수없이 전해지고 있다. 그는 예언의 신이기도 하여, 사람들이 미래를 알고 싶을 때는 꼭 델포이 신전을 찾아가 신탁神託을 받는 일이 성행하였다.

* **장건**張騫, **?~기원전 114**: 한나라 시대의 외교관이자 탐험가로서, 비단길의 동쪽을 열었다. 물론 장건 이전에도 중국은 이미 흉노나 유목민족과의 중계무역을 통해 서역의 여러 나라들과 교류하고 있었다. 그러나 직접적인 교역과 교류가 이루어지는 물꼬를 튼 것은 장건의 노력 때문일 것이다. 그 이후 중앙아시아, 나아가 더 먼 서쪽 지역과 상업적, 문화적, 정치적 교류가 이루어질 수 있는 기반을 마련하였다.

* **비단길의 진정한 개척자 흉노**匈奴: 기원전 3세기 말부터 약 400년간, 몽골 고원과 만리장성 지대를 중심으로 활약한 기마 유목민과 그들이 형성한 국가를 아우른 말이다. 4세기부터는 중국에 쫓겨 유럽으로 몰려간 것으로 알려졌고, 이에 헝가리의 조상이 흉노가 아닐까라는 주장도 있다. 동서 문물 교류를 위한 교통로가 된 비단길은 중국에 앞서 흉노가 중국 북방과 서역에 걸쳐 광대한 국가를 건설함으로써 비로소 열리기 시작했다. 이 시기부터 로마의 유리 제품, 아랍의 향료, 허텐和闐의 옥玉 등 진귀한 물건과, 과일, 모피, 약재류가 중국의 비단, 곡물과 교환되어 비단길을 누볐기 때문이다. 흉노는 한편으로는 중국과의 교역으로, 다른 한편으로는 파미르 고원의 서쪽의 국가들로부터 세금을 징수하고, 페르가나와 파르티아를 왕래하는 대상 무역으로 막대한 경제적 이익을 얻었다.

* **한 무제**漢武帝, 기원전 156 ~ 기원전 87: 한漢의 전성기를 이끌었던 제7대 황제이다. 그는 먼저 내정에 힘써 황제를 중심으로 한 중앙집권제를 완성하고, 그 힘을 바탕으로 적극적인 대외 정책을 추진하여 영토를 크게 확장하였다. 그의 업적 중 대표적인 것은 북방을 어지럽히던 흉노를 굴복시켜 서역을 완전히 한의 수중에 넣은 것이다. 이때부터 중국의 비단이 본격적으로 로마까지 소개되었다. 한 무제의 서역 진출은 중국이 비단길을 통한 중계무역에 직접 관여하고, 이를 통해 동서 문화의 교류가 시작되었다는 점에서 의의가 있다.

* **한혈마**汗血馬: 한나라 시대에 페르가나에서 도입된 명마의 한 종류이다. 한혈마는 장건을 통해 중국에까지 알려졌다. 한혈마란 '피와 같은 땀을 흘리며 달리는 말'이라는 의미로 붙여진 이름이다. 하루에 천리를 달리고 돌을 밟으면 자국이 난다고 하여 '천마'라고도 불린다.

* **칭기즈 칸**Chingiz Khan(成吉思汗), 1162~1227: 몽골 제국의 건국자로, 본명은 테무진이다. 몽골 부족을 통일하여 1206년에 즉위한 뒤 칭기즈 칸의 칭호를 얻었다. 여기서 '칸Khan'은 몽골 고원에 세워진 여러 유목민들의 나라에서 '군주'를 칭하는 말이다. 칭기즈 칸은 무려 40여 개 국을 자신의 말발굽 아래 무자비하게 굴복시켜 대제국을 건설한 정복자로 알려졌다. 그러나 비단길의 거의 대부분 지역을 아우르는 그의 대제국 덕분에, 비단길을 왕래하는 사람들이 서쪽 끝에서 동쪽 끝까지 아무런 불편 없이 편안히 다녀올 수 있었다.

* **메르프**Merv: 카라쿰Kara-kum 사막에 있는 오아시스 도시로, 비단길의 요충지에 자리 잡아 중계무역을 통해 발전하였다. 오늘날 투르크메니스탄의 마리Mari 근처이다. 사실상 중국에서 톈산산맥의 남쪽 길로 접어들던 북쪽 길로 접어들던 반드시 메르프를 통과해야만 했다. 서쪽에서 오는 사람들 역시 이곳을 통과해야만 중국으로 갈 수 있었다. 한 가지 흥미로운 점은 불교 전파의 서쪽 끝이 메르프이며, 불교 관련 유적이 지금까지도 남아있다.

* **쿠빌라이 칸**Khubilai Khan(忽必烈), 1215~1294과 유라시아 교통로의 연결: 몽골 제국의 제5대 칸이자, 중국 원나라의 시조이다. 할아버지인 칭기즈 칸의 정복 사업을 마무리하고, 수도를 초원의 도시에서 중국의 대도大都(지금의 북경)로 옮겼다. 쿠빌라이 칸에 의해 동서의 왕래는 활발해졌고, 육로인 비단길만이 아니라 '바닷길'까지 활짝 열리게 된다. 원의 지배 하에 중국 남부 항구에서 '정크선'이라 불린 3층 갑판선이 인도를 향해 출항했던 것이다. 몽골 제국은 동서 교통로의 주요 거점마다 외국 사절과 여행자 및 상인들의 안전한 여행을 돕기 위해 역과 말과 여관 등을 제공했다. 이를 통해 우리는 당시 몽골인들이 나름 사업에 대한 감각도 가진 사람들이었을 것이라 짐작할 수 있다.

* **팍스 몽골리카**Pax Mongolica: 라틴어로 '몽골의 평화'를 의미한다. 이는 서양 학자들이 '팍스 로마나Pax Romana'와 비슷한 용례로 사용했다. 대체로 몽골 제국이 대륙 정복을 통해 사회적, 문화적, 경제적으로 유라시아에 안정을 가져온 13~14세기 무렵을 의미한다.

* **네스토리우스교**Nestorianism: 5세기경에 네스토리우스의 가르침에 의해 생겨난 그리스도교의 한 갈래이다. 그는 그리스도교의 '삼위일체설'을 부인하고, 성모 마리아에게는 하느님의 어머니라는 호칭을 사용할 수 없다는 주장을 하여, 에페소스 공의회(431년)에서 이단으로 판정받고 리비아로 추방되었다. 네스토리안교는 서양에서는 이단으로 몰렸지만, 비단길을 따라 동쪽으로 전파되었는데 당나라까지 소개되어 '경교景敎'라는 이름으로 번창했다.

* **삼장법사**三藏法師: 불교의 경전에 능통한 승려이자, 속세의 사람들에게 이를 알기 쉽게 가르쳐 주는 승려를 높여서 부른 호칭이었다. 중국에서는 인도와 서역에서 불경을 들여와 한자로 번역하는 승려들을 '역경삼장'이나 '삼장법사'라고 불렀다.

* **현장**玄奘, 602 ~ 664: 13세의 어린 나이에 승적에 올라, 불교 연구에 진력하던 중 많은 의문을 품고 인도에 가기로 마음 먹는다. 뿐만 아니라 부처님의 말씀을 제대로 이해하기 위해서는, 산스크리스트어로 쓰인 불경의 원전을 읽어야 한다고 판단한 현장은, 627년(혹은 일설에 의하면 629년)에 인도로 떠났다. 그는 많은 경전과 불상을 가지고 귀국길에 올랐는데 그로부터 5년이 지나서야 비로소 장안으로 돌아왔다(641년). 귀국 후에는 사찰에 칩거하며 당 태종의 후원을 받아, 74부 1,335권의 산

스크리트어 불교 경전을 중국어로 번역한 것 이외에도, 인도 여행기인 『대당서역기』, 전 12권을 저술하였다.

* **부처**Siddharta Gautama, **기원전 563? ~ 기원전 483?**: 불교를 창시한 인도의 성자聖者로, 성은 고타마이며 이름은 싯다르타이다. 현재의 네팔 남부와 인도의 국경 부근인 히말라야산 기슭에 샤카야족이 세운 작은 왕국의 왕자로 태어났다. 그는 왕자로서 부귀영화를 누릴 수도 있었지만, 인간의 생로병사의 비밀에 의문을 품고 고통스러운 수행과정을 통해 그 의문을 풀었다.

* **유목민과 비단길의 위험요소**: 유목민들은 가축의 방목이나 유목만으로는 생계유지가 불가능했기 때문에, 생존에 필요한 물품을 교역하거나 혹은 중계무역을 통해 부를 축적하였다. 그렇기 때문에 비단길이 발달하게 되는 데는 바로 이들 유목민의 역할이 컸다고 볼 수 있다. 그러나 교역이 원활하지 않을 때는 우수한 기마 전술로 인근 마을을 침입하여 약탈하는 등, 오아시스 도시와 동서 교통로를 장악하고 공물과 통행세를 징수하며 생존할 수밖에 없었다.

* **프란치스코 수도회**Ordo Fratrum Minorum: 이탈리아의 아시지Assisi에서 출생한 프란치스코가 세운 수도회이다. 프란치스코는 모든 세속적 쾌락이나 욕망을 포기하고, 복음서에 기록된 예수 그리스도의 가난하고 희생하는 삶을 본받아 살아가고자 결심하여 수도회를 결성하게 된다. 수도사들은 걸식으로 의식주를 해결하는 방법인 탁발 수행을 통해 사람들에게 죄의 회개를 설교하는 방식으로 선교 활동을 벌였다. 이는 중세 가톨릭 교회의 부패와 타락으로 인해 변질된 가톨릭 교회에 새 생명을 불어넣은 자구책이기도 했다.

* **생루이**Saint-Louis **왕, 1214~1270**: 아버지는 카페 왕조의 루이 8세, 어머니는 블랑슈 드 카스티유Blanche de Castille이다. 프랑스 군주 중에서 유일하게 교황으로부터 시성된 왕이기 때문에 생루이Saint Louis왕으로 불린다. 루이 9세인 생루이 왕은 봉건 제후의 영내에 국왕 직속의 관료를 파견하여 절대왕정의 기반을 마련한 왕으로 평가받는다. 아울러 대외적으로는 영국과의 싸움을 종결시켰고, 여러 국왕과 제후 사이의 평회 수립에 노력하였다. 이를 기반으로 여러 차례 십자군 원정에 참전하게 된다. 그러나 루이 9세는 제8차 십자군 원정에 출정했다가 튀니지에서 사망했다. 이 시기부터 프랑스가 서서히 서유럽의 중심이 되었다.

* **지오바니 디 피아노 카르피니**Giovanni de Piano Carpini, **1182?~1252**: 서양인 최초로 비단길을 횡단한 프란치스코 수도회 소속 수도사이다. 그는 교황 이노센트 4세의 명을 받아 몽골인에게 그리스도교로 개종할 것을 권유하고, 그 내정을 살피기 위해 몽골로 향했다. 그의 여정은 흥미롭게도 흉노족이 이용한 '초원길'을 따라갔다. 1245년, 리옹을 출발하여 폴란드로부터 키예프, 카스피해, 아랄해 북쪽 연안, 톈산 산맥 북쪽 기슭을 거쳐 몽골 제국의 수도인 카라코룸에 도착한 것이다. 그가 교황에게 제출한 견문록은 당시 몽골의 실상과 풍습을 유럽에 처음으로 전한 것으로 유명하다.

* **귀욤 드 루브룩크**Guillaume de Rubrouck, **1220?~1293?**: 프랑스의 프란치스코회 수도사 중 한 명인 그는 루이 9세의 친서를 받아, 원의 황제에게 그리스도 교도와 함께 성지 탈환을 위한 군사를 일으키도록 권고하기 위하여 파견되었다. 그는 카르피니와는 다른 길로 갔기 때문에 동양으로 향하는 다양한 경로의 가능성을 알렸다. 1253년, 흑해를 경유하여 크림 반도에 상륙, 키르기스스탄을 가로질러 카라코람 근교에 이르러 헌종憲宗과 만났으나, 목적을 달성하지 못하고 1255년에 귀국하였다. 루이 9세에게 바친 여행기는 여행 도중에 얻은 풍부한 견문을 적은 것으로, 카르피니의 여행기보다 훨씬 상세하여 13세기 중앙아시아 및 몽골 고원의 사정과 지리 · 풍습 · 언어 및 종교 등을 아는 데 귀중한 자료이다.

* **가이우스 플리니우스 세쿤두스**Gaius Plinius Secundus, **23~79**: 고대 로마의 정치인이자, 군인이며, 학자이기도 하다. 그의 저서 『박물지Historia Naturalis』는 티투스 황제에게 바친 대백과전서로 100명의 학자를 동원하여 2만 항목을 수록한 총 37권으로 이루어졌다. 이는 당시 예술과 과학 그리고 문명에 관한 정보를 이해하는 데 꼭 필요한 정보의 보고이다. 고대 로마 시기에는 학자들이나 작가들이 대부분 노예였다는 점도 흥미롭다. 골치 아픈 공부는 노예가 하는 것이라고 치부하고, 시민이라면 당연히 세상 돌아가는 이야기를 우아하게 나누거나 정치를 해야 한다는 정서가 팽배했기 때문이다.

* **카타이**Cathay: 중세 유럽인들이 중국을 가리켜 부른 말이다.

* **마르코 폴로의 활동**: 원 세조인 쿠빌라이 칸의 총애로 관직에 올랐다. 그는 중국 각지를 여행하며 지방의 풍속과 세태를 쿠빌라이 칸에게 상세하게 보고하는 임무를 맡았고, 아울러 사신으로 선발되어 외국으로 파견되기도 했다. 17년간 원나라에 머물게 되자 고향으로 돌아가고 싶은 생각이 간절하여 쿠빌라이 칸에게 간청했지만 번번이 거절당했다. 그러던 중 마침내 귀환할 수 있는 기회가 주어졌다. 시집가는 원나라 공주의 호송단에 참여해 수마트라, 말레이, 스리랑카, 인도 등을 돌아본 뒤, 24년 만에 몰래 베네치아로 돌아온 것이다. 『동방견문록』에는 유라시아 대륙의 서쪽에서 동쪽까지 각 지역의 자연과 풍습, 통치 방식, 사회 제도, 종교, 상공업 등에 관한 흥미로운 내용들이 담겨 있다. 특히 그는

동서양을 오가는 과정에서 육로와 바닷길을 모두 이용하여, 후일 서양인들이 바닷길을 통해 동양으로 가고 싶은 생각을 갖도록 해주었다.

* **루스티첼로 다 피사**Rustichello da Pisa: 마르코 폴로 일행이 베네치아로 돌아오고 4년 뒤, 베네치아와 제노바 사이에 동방 무역로의 지배권을 둘러싼 전쟁이 일어났다. 이 전쟁에서 포로가 된 마르코 폴로는 제노바의 감옥에 갇혀 피사 출신의 작가 루스티첼로에게 자신의 여행 이야기를 들려주었고, 루스티첼로는 그것을 받아 적었다. 1298년부터 1299년에 걸쳐 감옥에서 듣게 된 마르코 폴로의 여행담을 루스티첼로가 책으로 집필한 것이 바로 『세계의 기술Divisament dou monde』이다.

* **『세계의 기술**Divisament dou monde**』**: 루스티첼로 다 피사는 포로 생활 동안 들었던 마르코 폴로의 여행 이야기를 엮은 『세계의 기술Divisament dou monde』이라는 책을 집필했다. 루스티첼로가 마르코 폴로의 여행담의 제목을 『세계의 기술』이라 붙인 이유는, 동서양을 막론하고 세계 전체에 대한 체계적인 설명임을 분명히 하기 위해서였다.

* **비단 제작 노하우가 간직된 이유**: 비단 제작 노하우를 외국으로 유출하는 경우, 지위의 고하를 막론하고 극형에 처했기 때문이다. 또 다른 이유는 비단길의 물품 교역이 우연히도 중계무역을 통해 이루어진다는 점이다. 따라서 비단길 위에 20여 개 이상의 다양한 언어를 구사하는 상인들을 통해서는 제대로 된 비단 제작 노하우를 빼내어 본국으로 가져가는 것 자체가 거의 불가능하다고 볼 수 있다.

* **비단실을 발견한 황후**: 이 이야기에 나오는 황후는 중국의 신화 속에 등장하는 1대 황제의 정비妃를 가리킨다. 그녀의 성은 서릉씨西陵氏이고 이름은 누조螺祖이다. 중국의 신화에 의하면, 누조 이전의 사람들은 누에를 칠 줄 몰랐다고 한다. 누조는 우연히 비단실을 발견한 후 여성들을 모아 놓고 누에치기를 가르쳤고, 누에고치에서 실을 뽑아 비단을 짜는 법도 가르쳐 주었다고 한다.

* **콘스탄티노플**Constantinople**로 비단 실을 뽑는 방법이 누설되다.**: 중국은 몇 백 년 동안이나 비단을 제조하고 수출해 왔지만, 비단 실을 뽑는 생사 제조 방법에 대한 지식을 매우 철저하게 비밀로 지켰다. 당시 콘스탄티노플에서 비단 염색과 직조는 가능하여, 중계무역을 통해 부를 축적했지만, 원재료인 비단실을 중국으로부터 수입할 수밖에 없었다. 당시 비잔틴 제국의 유스티니아누스 황제는 총애하는 수사들에게 비단실을 뽑는 방법을 알아오는 이에게 후한 보상을 약속했다고 한다. 수사들은 중국으로 들어가 속 빈 대나무 지팡이에 누에고치를 숨기고, 콘스탄티노플로 돌아가는 먼 길에 누에가 죽지 않도록 똥 속에 묻어 가져왔다.

* **751년 탈라스 전투와 종이 제작 비법의 전파**: 채륜이 완성한 최초의 제지법이 유럽에 전래된 것은 8세기 중반이었다. 당나라는 이 제지법을 발전시켜 서역으로 종이를 수출까지 하고 있었다. 제지법이 서역에 알려진 것은 751년에 당나라와 사라센 사이에 벌어진 '탈라스 전투' 이후부터였다. 이 싸움에서 당나라군은 크게 패하였다. 탈라스 전투를 다룬 사라센의 기록에 의하면, 많은 포로 중에 제지 장인이 포함되어 있었다고 한다. 바로 그들이 아랍인들에게 제지술을 전파하였던 것으로 보인다. 757년, 처음으로 제지공장이 세워진 곳은 사마르칸트였다. 그래서 '사마르칸트 종이'라는 표현이 생겨났으며, 양피나 파피루스의 사용은 점차 사라져 갔다.

* **둔황**敦煌: 타림 분지 동쪽의 사막지대에 발달한 오아시스 도시이다. 중국과 중앙아시아를 잇는 실크로드의 관문으로, 고대의 동서 교역과 문화 교류의 거점이 되었던 곳이다. 특히 당나라 시대인 7세기부터 8세기 중반에 걸쳐 왕래가 가장 활발해 동서 무역의 중계 지점으로서 문화의 꽃을 피웠다.

* **『금강경**金剛經**』**: 인도에서 2세기에 성립된 공空사상의 기초가 되는 불교경전이다. 『금강경』은 불교 경전 중에서도 적절한 분량으로 읽기도 쉬울 뿐만 아니라 대승 불교의 진수를 드러내는 가장 중요한 경전이다.

* **옐로우 크루즈**Croisière Jaune: 프랑스의 자동차 회사 시트로앵Citroën이 차량 성능을 홍보하기 위해 개최했다. 1931년부터 1932년에 걸쳐 실크로드에서 벌어진 이 횡단대회는 주행거리가 무려 12,000km에 이르렀으며, 주로 사막이나 산악지대와 같은 극한의 기후에서 진행되었다.

신비의 세계로부터 오는 향신료,
인도를 떠나 중앙아시아를 거쳐 유럽으로

향신료의 길은 마치 보물 상자와 같다. 이국적인 빛깔과 맛, 그리고 독특한 향기로 가득 찬 머나먼 나라가 성큼 다가와 오감을 자극한다.

본래 유럽에서는 향신료가 나지 않기 때문에, 그것을 손에 넣기 위하여 많은 탐험가들과 상인들이 육로와 해로의 험난한 여정을 떠나곤 했다. 그 길을 따라 아시아와 아프리카 그리고 유럽의 사람들이 서로 접촉할 수 있었다.

지금부터는 한때 향신료의 길을 주름잡던 어느 아랍 상인이 남긴 항해일지를 바탕으로 재구성된 이야기가 펼쳐진다. 짧지만 제법 상세한 정보를 담고 있는 만큼, 향신료를 구하러 떠나기 전에 한번쯤 꼭 읽어 두면 도움이 될 것이다.

그들은 유럽으로 무엇을 가져갔나?

향신료는 아주 오래 전부터 사람의 몸과 마음을 사로잡는 물건이었다.
또한 사람이 태어나서 죽을 때까지 늘 함께 하는 물건이기도 했다.

넛메그

고수

샤프란

계피

입을 즐겁게 하는 양념

향신료 몇 줌을 넣자마자 싱겁고 밋밋하던 음식이 아주 향기롭고 색다른 맛의 진미珍味로 둔갑한다. 주로 샤프란 꽃, 후추와 고수 열매, 지하경과 생강 뿌리, 클로브 싹, 계피 껍질, 넛메그 씨와 같은 식물의 일부가 향신료로 이용되었다.
향신료는 고대 로마인들에게 매우 사랑받아 다양한 요리에 식재료로 활용되었다고 한다. 그러나 중세에는 단순히 음식을 보존하거나 맛을 돋우는 양념의 의미를 넘어서, 심지어 부와 권력을 과시하는 상징물이 되기도 했다.

매혹의 향

향료는 향수香水와 향유香油의 주원료가 된다. 특히 고대 이집트의 상류층에서는 대단히 정교하고 아름답게 조각된 자그마한 함에 향료를 담아 화장품으로 사용했다고 한다.

효험이 있는 약용식물

고대 그리스 신전의 주변에는 오늘날의 의과대학에 해당하는 교육 기관이 있었고, 사람들은 신전의 제사장들에게 병을 치유하는 능력이 있다고 믿었다. 당시 제사장들은 어떤 식물들이 소화제와 안정제 혹은 흥분제를 대신할 수 있으며, 또 어떤 식물들은 해독 작용이나 살균 작용을 하는 등, '신통한 약효'가 있다는 사실을 잘 알고 있었다.

유해를 보존하는 방부제

사람들은 예로부터 시신을 보존하기 위해서 향신료를 사용하기도 했다. 이집트의 미라에서 발견된 계피와 정향의 부스러기가 그것을 증명해 준다. 십자군 전쟁에서 죽음을 맞이한 생루이Saint-Louis 왕의 유해도 향신료를 넣은 포도주에 담가져 프랑스로 이송되었다고 한다.

클로브

생강

의식을 더욱 성스럽게

방향성 식물들은 오묘하고 그윽한 냄새를 풍기기 때문에 의식의 성스러운 분위기를 한층 더 고조시키는데 자주 사용되었다. 가령, 올리브 오일과 향료를 혼합해서 만드는 성유聖油*는 대대로 프랑스 국왕들의 대관식에 등장하곤 했다. 이외에도 향 연기가 인간이 사는 속세와 신의 세계를 연결시켜 준다는 믿음이 자연스럽게 받아들여졌던 때도 있었다.

외교 협상 카드

독특한 향이 나는 식물들이 오늘날의 명품에 해당하는 가치를 지닌 적도 있었다. 동로마 제국의 황제는 5세기 경, 후추를 수레에 가득 담아 훈Hun의 왕에게 보내어 휴전을 제안했다고 한다. 훈의 지배를 받는 지역에서는 향신료가 조공으로 바쳐지기도 했고, 후추는 포로와 노예의 몸값으로 치러지기도 했다.

원산지 가격의 40배

향이 독특한 식물들은 여러모로 쓸모가 많았다. 그러나 생산과 유통 과정이 무척 까다롭고 고된 노동이 뒤따랐기 때문에, 산업화 이전까지는 향신료의 값이 운송 거리에 비례하여 증가했다. 가령, 시장에서는 원산지 가격의 무려 40배의 가격으로 거래되기도 했다. 회색 후추는 아예 현금으로 사용되기도 했는데, 실제로 비잔틴 제국에서는 고대 로마의 급여 지급 방식을 계승하여, 관리와 군인들에게 월급으로 향신료를 지급했다고 한다.* 가벼운데다가 공간을 별로 많이 차지하지 않으며, 무엇보다도 시장에서 매우 높은 가격에 거래되었기에, 상인들은 많은 수익을 가져다주는 향신료를 효자 상품으로 취급했다.

후추

향

향신료길 31

향신료는 어느 길로 움직였을까?

대륙과 바다 중 어느 길이 더 유리했나?

비단길은 대륙으로 난 길이라, 상인들은 거리가 가깝고 비용도 덜 드는 바닷길을 선호하기 시작했다. 기원전 2세기경에 계절풍 현상을 알아낸 이래로, 항해가 보다 수월해졌기 때문이다. 여름에는 아덴Aden 만이나 호르무즈Ormuz 해협을 출발한 배들이 동쪽으로 부는 계절풍을 타면 힘들이지 않고 인도에 닿을 수 있었으며, 반대로 겨울에 인도를 떠나 고향으로 돌아올 때는 서쪽으로 부는 계절풍을 타고 순항할 수 있었다. 또한, 배 한 척이면 2,000마리의 낙타 혹은 약 20여 개의 화물을 한꺼번에 실어 나를 수도 있었다. 더욱이 육로는 경유지마다 금과 은으로 통행세를 내야 했지만, 무엇보다도 바닷길에서는 그런 대가를 치를 필요가 없었다. 결국, 더 많은 상인들이 바닷길을 선호한 것은 시간과 비용의 측면에서 바닷길 쪽이 육로보다 유리했다는 사실과 관련이 깊다. 더욱이 대륙에서 전쟁이라도 발발하는 경우에는 바다 쪽이 더 확실하고 안전한 길이 된 점도 한 가지 이유였을 것이다. 그러던 14세기 말, 명이 중국의 패권을 쥐고 쇄국정책을 내세우자, 유럽인들에게 대륙을 통한 길은 완전히 막히고, 결국 바닷길이 유일한 무역 통로가 되었다.

향, 어느새 아프리카와 통하다.

아프리카 대륙 내 아랍 문화권의 최남단에 위치한 소말리아Somalia와 에티오피아Ethiopia는 향나무와 몰약*이 자생하는 지역이다. 향나무와 몰약은 예로부터 대단히 귀한 물건으로 대접을 받았는데, 『신약성서』에 따르면 동방박사들이 황금과 함께 아기 예수에게 가져온 선물 중 하나였다고 한다. 소말리아와 에티오피아에서 생산된 향은 홍해紅海를 건너 카이로Cairo와 다마스쿠스Damascus까지 운송되었다.

한편, 아라비아 반도에서 생산된 향은 낙타의 등에 실려 사막을 건너 오아시스 마을에 도착하게 되면, 그곳에서 본격적인 거래가 시작되었다. 이슬람교가 발생한 7세기 이후부터는 순례자들이 오늘날의 메디나Medina인 야스리브Yathrib*와 메카Mecca* 성지로 가기 위해 같은 길을 걸었다고 한다. 그렇게 해서 야스리브와 메카는 성지聖地이면서 동시에 향신료 무역의 중심지가 된 것이다.

누가 향신료 길의 최대 수혜자였나?

향신료의 중계무역을 담당했던 도시들은 급속도로 번창했다. 아랍인들은 해상 무역을 장악했고, 항구에 위치한 이탈리아의 도시국가들은 향신료를 유럽 내륙으로 공급함으로써 막대한 부를 거머쥐게 되었다.

중계무역을 하는 도시들

요르단의 고대 대상(隊商) 도시였던 페트라Petra는 향신료가 이동하는 길 위에 있었던 덕분에 나날이 풍요로워졌다. 본래는 바위투성이의 협곡 지역이라 사실상 불모지였던 페트라가 댐과 저수지를 비롯한 운하 시스템을 갖추게 되면서 수목원으로 변신할 수 있었다. 오늘날 시리아에 위치한 오아시스 도시인 팔미라Palmyra 역시, 페트라의 뒤를 이어 1세기 무렵부터 꽃이 만발한 아름다운 도시가 되었다. 중앙아시아의 온대 초원인 스텝steppe 지역에서 온 대상들이 팔미라를 경유하여, 티그리스Tigris와 유프라테스Euphrates강 하구를 향해 나아갔으며, 그곳으로부터 다시 인도와 인도양의 무역 항구를 향해 배를 띄우곤 했다.

한편, 로마의 지배를 받게 된 이집트의 알렉산드리아Alexandria에는 기원전 1세기 무렵, 인도에서 들여온 향과 향신료들이 늘 가득 쌓였으며, 이는 바닷길을 통한 향신료 무역의 주도권이 제노바나 베네치아와 같은 지중해 연안의 국가들로 넘어가기 이전까지는 일상적인 풍경이었다.

아랍의 독점

이슬람교는 8세기부터 매우 빠르게 아프리카, 지중해, 중앙아시아 전역으로 퍼져 나갔다. 게다가 이 새로운 종교와 더불어 아랍어가 대상 무역 세계의 공용어가 되면서 교역 활동이 더욱 활기를 띠었다. 아랍인들은 그로부터 한 세기만에 모든 대상 무역을 장악해 버렸고, 동지중해와 인도양의 해상 무역권도 독차지했다. 아랍의 지중해 무역 독점은 포르투갈이 등장하는 15세기까지 지속되었다.

비잔틴, 베네치아Venezia의 손을 들어주다.

향신료는 부가가치가 매우 높은 상품이었기 때문에, 지중해로 수입되는 즉시 제노바 혹은 베네치아 항구를 통해 유럽 전역으로 널리 판매되었다. 따라서 두 도시국가는 유럽 내의 향신료 무역 독점권을 두고 치열한 경쟁을 벌이게 되었다. 그러나 당시 동서양 간 중계무역의 허브였던 비잔틴 제국이 베네치아의 손을 들어주자, 베네치아는 제노바를 몰아내고 14세기 말까지 유럽 전역의 향신료 중계무역을 독점했다.

향신료길 33

신바드와 이븐바투타

당시에는 오늘날과 같이 친절한 여행 안내서가 없었기 때문에, 향신료 길을 이용하는 상인들은 이곳저곳에서 주워듣게 되는 이야기들을 참고할 뿐, 길에 대한 믿을만한 정보는 접할 수 없었다.

그런데 마침, 신바드Sinbad라는 뱃사람에 관한 이야기가 향신료 길을 오가는 상선들 사이에서 돌고 있었다. 신바드는 9세기 무렵, 보물을 찾기 위해 이 바다 저 바다를 누비며 다닌 바그다드의 어느 상인이었다. 육체적, 정신적 고단함과 온갖 위험한 순간들을 견디고 살아남은 신바드는 마침내 부자가 되어 고향으로 돌아왔다. 하지만 모험에 대한 끝없는 열정이 신바드를 다시 배에 오르게 했다. 신바드는 배에서 내릴 때는 다시는 길을 떠나지 않겠다고 다짐했지만, 결국엔 인도를 떠나 중국까지, 인도네시아로부터 아프리카 연안에 이르기까지, 그의 항해는 멈추지 않았다.

동족을 먹어 삼키는 외눈박이 식인 거인, 주민들의 모든 욕구를 앗아가는 풀이 자라는 섬에 대한 흥미진진한 이야기 등, 신바드가 겪었던 신기한 모험의 세계는 트로이 전쟁의 영웅인 오디세우스의 모험을 다룬 대서사시 『오디세이아Odysseia』*를 연상시킨다. 이는 아마도 신바드의 모험담과 줄거리가 비슷한 이야기들이 대체로 그리스와 페르시아 혹은 인도의 전설에서 비롯되었기 때문인 듯하다. 신바드가 무역풍*을 어떻게 항해에 이용했는지, 또한 상인들이 산꼭대기까지 올라가 새의 둥지에 가득한 다이아몬드를 휩쓸어 갔다는 등의 이야기들이다. 그러나 이야기 속의 다이아몬드는 당시에 인도에서만 볼 수 있었던 진귀한 사연석을 의미했을 것이다. 향신료길에서는 신바드의 이야기뿐만 아니라, 인도양을 다녀온 상인들이 겪은 다양하고 흥미진진한 에피소드들도 입에서 입으로 전해졌다.

뱃사람 신바드

이븐 바투타

마르코 폴로보다 50년이나 앞서 25년이라는 긴 세월을 수천 킬로미터의 여행에 바친 사람이 있었다. 그는 장사가 아닌 종교를 위하여 세계 여러 지역을 편력한 이븐바투타Ibn Battuta*이다. 스물한 살의 이븐바투타는 메카Mecca 성지를 순례하기로 마음먹었다. 메카는 독실한 회교도라면 누구든 일생에 한 번은 다녀와야 하는 곳이다. 본래 여행을 좋아했던 청년 이븐바투타는 이슬람의 모든 성지들과 많은 승려들을 만날 수 있는 곳들을 차례로 방문할 계획을 세우고 길을 떠났다. 이븐바투타는 아프리카, 유럽, 아시아에 걸친 대단히 넓은 지역을 두루 다녔는데, 그가 거쳐 간 지역들을 따라가 보면, 흥미롭게도 이슬람교와 아랍어가 전파되었던 지역의 지도를 그려낼 수 있다. 그는 낙타를 끌고 이동하는 상단과 동행하기도 하고, 아랍인들의 배를 얻어 타기도 했다. 이븐바투타는 인도의 캘리컷Calicut에 정박 중이던 거대한 중국식 정크선*을 보고 감탄을 금치 못했다. 또한, 아프리카와 아시아에서는 노예 상단과도 합류했는데, 노예는 상인들이 가장 중요하게 취급하는 교역품 중 하나였다. 당시 소금의 주요 이동경로였던 말리Mali*의 테가자Teghazza에서는 사원 전체가 소금으로 지어진 모스크도 구경했다. 이븐바투타는 세계 이곳저곳을 다니면서 그의 풍부한 경험과 이슬람 문화를 높이 평가하며 그것을 배우고자 하는 사람들과 활발한 지적 교류를 나누기도 했다.

향신료의 길, 진보의 원천이 되다.

바닷길은 7세기 이래로 다양한 목적으로 이용되어 온 경로이다. 바다를 통한 교류가 늘어날수록, 바다를 이용한 사람들의 세계관과 기술 수준은 하루가 다르게 향상되어 갔다.

나침반

아스트롤라베

선미 방향타

종이 한 장에 세계를 담다.

당시 아랍인들은 지리학의 전문가들이었다. 그들은 고대 그리스와 인도의 주요 지리서를 아랍어로 번역했는데, 특히 2세기 무렵에 쓰인 그리스의 천문학자 프톨레마이오스Klaudios Ptolemaios*의 전집을 완역해 냈다. 그의 저서는 당시 아랍인들에게 세계에 대한 밑그림을 그려 주었다. 그로부터 약 1,000년이 흐른 12세기 무렵, 아랍인 지리학자 알 이드리시Al Idrisi*는 시칠리아의 왕인 로제르 2세RogerⅡ*의 요청을 받고, 평면 천체도와 원반형의 세계 지도를 만들었다. 이는 기독교 신자인 왕과 아랍인 지리학자의 아름다운 '협력'이 이루어낸 성과이다. 이드리시의 세계 지도와 천체도는 14년에 걸친 끈질긴 노력의 결실이었으며, 이후 오랜 세월 동안 다른 지도들의 원형이 되었다.

동양의 우수한 항해 도구

중국인들은 방위표가 달린 항해용 나침반을 발명했는데, 이것은 12세기가 되어서야 아랍을 거쳐 유럽에 소개되었다. 한편, 아랍인 항해사들은 배의 위치 즉, 위도와 경도를 측정하기 위해 아스트롤라베astrolabe 또는 오늘날의 육분의sextant에 해당하는 아버리스트arbalest라는 천체 측정기*를 활용했다. 아버리스트는 본래 그리스인들이 석궁을 본떠 고안한 장치인데, 아랍인들은 이것을 보다 정밀한 천체 측정기로 발전시켰다. 이 장치를 이용하여 아랍인들은 정오에는 수평선을 기준으로 태양의 고도를, 밤에는 북극성의 고도를 정확히 측정해 낼 수 있었다. 그럼에도 경도의 계산은 여전히 부정확하여 조류와 배의 속도를 감안하면서 방향을 '어림'잡아야 했다. 아울러 배의 속도를 재는 장치도 발명했는데, 밧줄을 규칙적인 간격의 매듭으로 묶고, 배 뒤쪽으로 밧줄을 30초 동안 풀었다가, 다시 되감아 올리면서 매듭의 수를 세는 것이다. 아랍인들은 이렇듯 매듭의 수를 기준으로 배의 속도를 측정하는 방법을 고안하기도 했다.

아랍의 선진화된 항해술

사각돛을 단 범선이 맞바람이 치는 방향으로 항해하는 것은 매우 힘든 일이다. 인도양을 항해하던 뱃사람들은 이미 오래 전부터 이른바 '라틴 돛'*이라 불리던 삼각돛을 사용해 오고 있었는데, 이 삼각돛이 있어서 바람을 맞으면서도 목적지까지 빨리 갈 수 있었다. 지중해의 도시국가들은 이 돛을 8세기에 들어서야 비로소 아랍인들을 통해 알게 되었다. 뿐만 아니라, 선미 방향타가 배의 양 측면이 아닌 중앙에 고정되어 있었기에, 13세기 이후부터는 보다 쉽고 안전하게 곶을 돌 수 있었다.

삼각돛

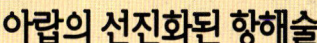
육분의

처음에는 아랍인들이 향신료 길의 주도권을 잡고 있었지만, '지리상의 발견'과 함께 지중해 무역은 서서히 막을 내리고, 대서양의 시대가 열리기 시작했다. 마르코 폴로의 여행기를 읽으며 꿈을 키워 온 유럽인들은 마침내 새로운 길을 발견했다. 포르투갈은 아프리카 대륙의 해안선을 따라 더 먼 남쪽을 향해 뻗어나갔다. 그런가 하면, 크리스토포로 콜롬보는 인도를 향해 바닷길을 떠났다가 우연히 신대륙을 발견했다. 이렇게 해서 유럽인들은 필요한 물자를 공급하는 여러 지역들을 식민지로 만들 수 있는 결정적인 '계기'를 마련할 수 있었다.

미주

* **성유**: 올리브 오일과 향료를 섞어서 만든 것으로, 기독교 예배나 프랑스 왕의 즉위식과 도유식塗油式에 사용되었다. 5세기 말경, 랭스Reims의 레미Rémy 주교가 메로빙Méroving 왕조의 창시자인 클로비스Clovis에게 세례를 베푼 후, 성유를 이용한 도유식을 함께 베풀면서 프랑스의 역사가 시작되었다고 본다. 이러한 의례를 통해 프랑스인들은 자신들이 신성하며, '선민'이라는 의식을 지니게 되었을 뿐만 아니라, 프랑스에서 왕정은 지극히 정당하며 나아가 신성한 질서로 확립되었다고 믿게 되었다. 19세기 중반 복고왕정 시기에 즉위한 왕들도 랭스에서 도유식을 통해 즉위함으로써, 프랑스혁명 이후 실추한 왕권을 회복하고자 했다.

* **화폐로 쓰인 회색 후추**: 후추는 강한 향이 나기 때문에 아열대 기후인 인도에서 음식물을 오래 두고 먹거나, 양고기의 누린내를 감추기 위해 이용되었다. 후추가 '검은 금'이라 이름 붙여진 데서 알 수 있듯이, 서양에서는 실물 화폐로 사용되기도 했다. 당시에는 유럽의 음식 맛이 대체로 밋밋하고 교통과 저장 시설이 형편없어 변질 우려가 높았으므로, 음식의 맛과 보관을 위해서는 반드시 후추와 같은 강한 향신료가 필요했다. 아울러 후추가 약재로 사용되었다는 점도 빼놓을 수 없다.

* **향과 몰약의 교역로**: 향과 몰약은 지금의 소말리아Somalia와 에티오피아Ethiopia의 대표적인 지역 특산품으로서, 홍해를 건너 카이로와 다마스쿠스까지 운송되었다. 카이로와 다마스쿠스에 집산된 향과 몰약은 다시 중동과 유럽으로 퍼져 나갔다.

* **야스리브**Yathrib: '메디나Medina'의 옛 이름이다. 622년, 무함마드가 메카에서 받은 종교적 박해를 피해 이주(헤지라Hejira라고 함.)한 후 이슬람의 정치 및 교단 활동의 중심지 되었다. 선생으로 육로가 막히거나 혹은 가축에 전염병이 돌아 유목민의 생존이 위협받아 노략질이 빈번해지면, 상인들은 바닷길을 선호했다. 즉, 상인들은 페트라에서 크테시폰을 거치는 육로보다 지중해에서 홍해를 거쳐 인도양으로 나아가는 뱃길을 안전한 교역로로 생각하게 되었다. 이마저도 위협받게 되면, 메카나 야스리브에서 아라비아 반도를 횡단하여 인도양으로 나갈 수 있었다. 따라서 이 두 도시는 동서 교역의 중심지가 되어, 수많은 외국인들이 드나들었으며 새로운 문화도 소개되었다.

* **메카**Mecca: 사우디아라비아 서부의 도시이자 이슬람교 제1의 성지로서, 이슬람교의 창시자인 무함마드가 태어난 곳이다. 이슬람교도들은 매일 다섯 번씩 메카를 향해 기도하고 일생에 한 번은 반드시 이곳을 순례한다. 메카는 오래된 오아시스 도시로서 동서 문물 교류의 중심지로 발전했다. 무함마드는 부유한 상인들이 숭배하는 우상을 비판하고 유일신인 알라 앞에서는 만인이 평등하다는 주장으로 이슬람교를 열었다. 630년에 메카를 무혈 정복하고 신앙의 중심지로 삼았다.

* **『오디세이아**Odysseia**』**: 호메로스의 『오디세이아』는 그리스군에 의한 트로이 공략 이후에 벌어진 오디세우스의 모험에 관한 이야기이다. 『오디세이아』의 주인공인 오디세우스Odysseus는 이타카 섬의 왕이었으며, 지혜와 책략에 매우 뛰어났다. 또한, 호메로스의 『일리아드』에 나오는 트로이 전쟁의 영웅들 중 한 명이기도 하다.

* **무역풍**: 적도 방향으로 일년 내내 규칙적으로 부는 바람이다. 북반구에서는 무역풍이 북동에서 남서로 불고, 남반구에서는 남동에서 북서로 분다. 무역풍은 범선 시대부터 항해에 많이 이용되어, 크리스토포로 콜롬보Cristoforo Colombo도 이 바람을 이용하여 신대륙의 발견에 성공하였다.

* **이븐바투타**Ibn Battuta, 1304 ~ 1368: 모로코의 탕헤르 출신이다. 22살이 되던 해, 이븐바투타는 이슬람 성지인 메카Mecca를 향해 동쪽으로 여행했으며, 바닷길을 통해 중국을 거쳐 귀향한다. 30년 간 이어진 총 12만킬로미터의 여행기가 바로, 『도시들의 진기함, 여행의 경이 등에 대하여 보는 사람들에게 주는 선물』이나. 낭시의 백락에서 보면, '책 위에 펼쳐진 다큐멘터리'라 할 수 있다. 이븐바투타는 여행 도중 여러 지역의 학자나 수도사들과도 교류했기 때문에, 그가 남긴 기록은 14세기 중반의 이슬람 사회를 잘 부각시켰다는 면에서 자료로서의 가치가 매우 높다.

* **중국식 정크선**: 극동 지역에서 상품과 수산물을 운송하기 위해 사용했던 범선이자, 함선이다. 정크선의 특징은 선체가 여러 개의 칸으로 구성되어, 일부가 침수되어도 항해가 가능하도록 설계되어 있다는 점이다. 또 다른 특징은 돛이다. 가로로 긴 대나무 축에 돛을 댄 구조인데, 정크선은 이런 돛을 여러 개 갖추고 있다.

* **사하라 종단무역과 말리Mali 왕국**: 사하라 종단무역은 8세기부터 16세기까지 지중해와 서아프리카를 잇는 무역로이다. 사하라를 종단했던 이유는 지중해와 서아프리카가 상호 보완적인 물물 교환이 가능했기 때문이다. 가령, 지중해 지역에는 소금은 많았지만 금이 부족했고, 서아프리카에는 금은 많았지만 소금이 부족했다. 13세기에 가나 제국이 망하고 말리 왕국이 세워졌지만, 소금과 금 무역은 계속됐다. 당시에 말리 왕국에서는 유리 조각과 조개껍질이 화폐로 쓰였다고 한다.

* **프톨레마이오스Klaudios Ptolemaios, 90?~168?**: 그리스의 천문학자이자 지리학자이며, 그의 저서 『천문학 집대성』은 아랍어로 번역된 『알마게스트』로 더 유명하다. 이 책에서 그는 천동설天動說에 의한 천체의 운동을 수학적으로 밝혔다. 당시로서는 상당한 과학적 진보인데, 그 이전의 아리스토텔레스의 천문학에서는 천동설이 하나의 가설로서만 존재했기 때문이다. 천동설을 수학적으로 증명한 것이 그의 최대 업적이다.

* **알 이드리시Al Idrisi, 약 1099~1165 혹은 1186(?)**: 아랍의 대표적인 지리학자이자 지도 제작자였다. 모로코에서 태어나 스페인의 코르도바에서 배우고, 젊어서부터 소아시아, 아프리카, 스페인, 프랑스를 여행하였다. 시칠리아 섬의 팔레르모 궁전에 초청받아 그곳에서 노르만 왕인 로제르 2세의 부탁으로, 은판에 새긴 평면 천체도와 원반형의 세계 지도를 제작했다. 이밖에도 동양은 물론이고 스칸디나비아 반도까지도 포함하는 세계 지도를 만들고 상세한 주석을 달아 『로제르의 서』를 펴냈다. 그가 만든 세계 지도는 그 후에 만들어진 유럽 지도의 원형이 되었고, 이것이 12세기 아랍의 지리학을 연구하는 데 중요한 자료가 되고 있다. 우리나라를 최초로 지도에 기록한 사람이기도 하다.

* **로제르 2세Roger II, 1095경~1154**: 시칠리아의 초대 왕인 로제르 2세(재위 1130~1154)는 노르만 족으로, 교황 인노켄티우스 2세를 비롯한 비잔틴과 프랑스 연합군과의 전쟁에서 승리하고 패전한 교황으로부터 시칠리아, 칼라브리아, 아풀리아의 왕호를 정식으로 인정받았다. 그 뒤 로제르는 트리폴리에서 튀니지에 이르는 해안선과 코르푸 섬을 점령하고, 나아가 콘스탄티노플을 위협했다. 중앙집권적인 왕권 확립에 성공하고 시칠리아 문화의 기초를 쌓았다. 그의 문화 정책 중 가장 큰 업적은 알 이드리시라는 아랍인 지리학자로 하여금 세계 지도와 천체도를 제작하게 만든 것이다.

* **아스트롤라베astrolabe와 아버리스트arbalest**: 고대부터 중세까지 고대 그리스와 아랍을 비롯한 유럽에서 사용된 천체 관측기구이다. 원양을 항해하는 배의 위치결정, 즉 좌표 상의 위도와 경도를 재는 데 이용되었으나, 18세기에 육분의로 대체되었다. 태양과 별의 고도를 계산하기 위해서도 활용되었다.

* **라틴 돛**: 삼각돛을 달리 부르는 이름이다. 아랍인이 발명한 것으로 알려진 삼각돛은 범선 조작을 용이하게 했다. 기존의 사각 돛은 뒤에서 바람을 받아야 전진할 수 있었기 때문에, 풍향이 맞지 않으면 돛을 접고 노를 저어야 했다. 그런데 삼각돛의 출현으로 비스듬한 방향에서 부는 바람을 타고도 항해를 할 수 있었다. 이 돛은 아랍인들이 처음 사용하기 시작했는데, 이후 비잔틴을 통해 서양에 알려졌다.

테네레의 소금 대상,
모래 바다에서 생명의 가루를 얻다.

사치품에 속하는 비단이나 향신료와는 달리, 소금은 '생존'을 위해 반드시 필요하다. 그래서 소금을 가진 사람들과 그것이 필요한 지역의 사람들 사이에는 물물 교환이 이미 오래전부터 이루어지고 있었다. 동양에서 비단과 향신료가 중요한 역할을 했듯이, 아프리카에서는 소금을 중심으로 길의 네트워크가 형성되었다.

인 갈

아가데즈

소금 대상을 이끌고 테네레 사막을 횡단한 소년의 일기

니제르Niger*의 어느 소금 상인이 있었다. 그는 투아레그계 부족 중 하나인 오웨이Owey*족 출신으로서, 수십 년 동안 오직 소금 상단을 이끌어 온 사람이다. 그러나 어느덧 나이가 들고 쇠잔하여 더 이상 사막을 횡단할 수 없게 되자, 자신의 낙타와 상단을 열여섯 살 된 손자에게 맡겼다. 그렇게 해서 소년은 할아버지를 대신하여 소금 대상을 이끌고 난생 처음 테네레Ténéré 사막*을 횡단하게 된다. 지금부터 펼쳐질 이야기에는 그가 겪은 우여곡절과 남다른 감회가 담겨 있다.

생명의 가루

적정량의 소금이 생략된 요리는 싱겁고 음식 맛이 살지 않는다. 또한, 아주 오래전부터 음식을 보존하기 위해서도 소금이 쓰였다. 더욱이 사람을 비롯한 포유류의 경우에는 체내의 염분이 부족해지면 전해질의 균형을 회복하기 위해 반드시 소금을 섭취해야 한다.

교환수단

아프리카 상인들에게 소금은 수단Sudan의 금과 노예 다음으로 많은 수익을 올려주는 상품이었다. 실제로 노예 한 명과 노예의 발길이에 해당하는 양의 소금이 시장에서 같은 조건으로 거래되었다고 한다.

소금 상인이 지나간 길

아프리카의 사막들은 대개 오랜 세월 동안 침전물이 차곡차곡 쌓여 형성된 해양 분지로 막혀 있는데, 바로 니제르의 빌마 염전이 그러하다. 빌마 염전을 향해 테네레 사막을 횡단하는 투아레그Tuareg족*을 통해, 니제르의 아이르Air*-빌마Bilma*-아가데즈Agadez*, 세 지역 간의 물물 교환이 이루어져 왔다. 아이르의 채소와 소금, 카우아르Kaouar의 대추야자, 그리고 남부 지방의 조가 서로 교환된다.

인 갈의 축제 기간 중 열리는 이른바 '꽃미남 선발대회'를 위해 여자로 분장한 수단의 남자들

사막 | 테네레의 아카시아 나무 | 파치 | 빌마

7-9월

떠날 채비를 하다.

여름이다. 우리는 니제르의 아가데즈에 위치한 인 갈In-Gall*을 향해 떠나기 위한 채비를 하는 중이다. 인 갈에서는 낙타 몰이꾼이자 우리의 사막 여행 길을 안내해 줄 길잡이들과 합류할 예정이다. 낙타들은 석 달 내내 염분이 풍부한 인 갈의 풀을 뜯어 먹을 것이다. 목초지라곤 눈을 씻고도 구경할 수 없는 모래 뿐인 테네레 사막을 횡단하기 전에 낙타들은 염분이 풍부한 아가데즈의 목초를 실컷 먹어 두어야 한다. 9월에는 사흘 간 계속되는 지역 축제가 열린다. 흥겨운 춤과 노래가 끊이지 않고, 부족 최고의 선남을 뽑는 일종의 '꽃미남 선발대회'에 출전하기 위해 남자들은 화려하게 분장을 하는데, 때로는 그러한 축제에 온 여자들을 유혹하기도 한다. 그리고 이 무렵, 낙타들의 소금 만찬은 끝난다.

자, 이제는 소금 상단의 출발 지점인 아가데즈로 향하자. 이런 사막지대에서 아이르의 풀은 낙타들에게 유일한 먹거리인지라, 우리 낙타들은 아이르의 풀을 불과 몇 주 만에 모조리 해치워 버렸다.

낙타라는 동물은 털 색깔이 얼룩덜룩하고 푸른 눈을 가졌으며, 청력과 시력은 거의 퇴화되어 갑작스럽게 장애물에 부딪히는 경우에 몹시 거칠고 날카로운 반응을 보인다. 그런가 하면, 사막을 횡단하는데 없어서는 안 될 대단한 지구력과 매우 온순한 성질을 타고 난 독특한 녀석이다. 각자 자기 낙타를 챙겼다. 내 낙타는 모두 일곱 미리이다.

9월 말

아이르 산맥을 향하여 힘차게 출발하다.

상단 전체가 움직이기 시작한다. 낙타들이 4열 종대로 뒤를 따른다. 맨 앞에 가는 낙타의 엉덩이에 매어 놓은 줄은 뒤따르는 녀석의 머리와 이어져 있다. 혹 등의 양 옆에는 채소 보따리, 낙타 사료, 그리고 나무가 없을 때 연료로 쓰기 위해 모아둔 낙타의 배설물이 가득 찬 주머니가 주렁주렁 매달려 있다. 모든 행렬의 가장 선두에는 낙타 몰이꾼이 간다. 낙타는 모두 백여 마리인데, 앞에서 끌고 가는 몰이꾼은 열 두 명이다. 이들 낙타 몰이꾼은 말리의 마두구Madougou* 출신들인데, 사막이 초행인 여행자나 상인들에게 길잡이도 되어준다. 19세기에는 사막을 횡단하는 사람들이 도적떼와 갖가지 위협으로부터 자신을 보호하기 위해, 대개 2,000~3,000마리의 낙타를 모아 대규모의 상단을 꾸려야 했다. 그럼에도 그들은 자주 길을 잃거나, 몰려드는 피로와 갈증에 시달리기도 했다. 하지만 피할 겨를조차 없이 불어 닥치는 모래 폭풍이야말로, 이들의 여정을 한층 더 고달프게 했을 것이다. 며칠 째, 낙타들이 아이르 산맥을 기어오르느라 안간힘을 쓰고 있다. 무거운 짐을 등에 잔뜩 실은 탓인지, 거칠고 날카로운 돌길에서 자꾸만 미끄러진다. 해가 저물자 우리는 다시 캠프를 쳤다. 우선 낙타의 등에 실린 짐을 내려 준 다음, 녀석의 다리에 족쇄를 채웠다. 이렇게 해 두어야 한밤중에 낙타 무리가 풀숲을 찾아 사방으로 흩어지는 일이 없기 때문이다.

6일 째

테네레를 건너다.

드디어 사막이다. 투아레그 족은 사막을 '테네레ténéré'라 부른다. 오전 4시 30분에 전원 기상했다. 낙타의 등에 짐을 싣는 등, 다시 떠날 채비를 하는 데만 족히 두 시간은 걸리기 때문이다. 그러다 보니 어제 저녁에 먹고 남은 조죽을 먹을 시간이 정말 조금 밖에 남지 않았다. 조죽은 조에다 끓는 차를 넣어 걸쭉하게 만든 투아레그 족의 음식이다. 모두들 다시 움직이기 시작한다.

이른 아침, 사막의 모래에는 여전히 냉기가 돈다. 한없이 펼쳐진 모래 언덕… 마두구인 길잡이는 낮 동안에는 지면에 드리운 해의 그림자와 모래 언덕을 쓸고 지나가면서 바람이 남긴 물결무늬를 보고 방향을 찾는다. 날이 저물어 어두워지면 겨울에는 오리온 자리의 별들이, 그리고 봄에는 황소자리에 자리한 플레이아데스Pleiades 성단이 빌마가 있는 동쪽을 가리킨다.

정오가 되자, 이디르Idir라는 소년이 행렬의 사이사이를 돌아다니며 '하르지라Harjira'를 조금씩 나누어 주었다. 하르지라는 염소 치즈와 대추야자 가루를 섞어서 작은 공처럼 둥글게 빚은 열량 높은 음식이다. 나는 하루에 세 번, 무리에서 홀로 떨어져 나와 메카를 향해 기도를 드린다. 기도하기 전에 내가 쥐고 있던 선두의 낙타를 이디르에게 맡겼더니, 그는 매우 으스대며 무리를 제법 잘 이끌었다. 기도를 마치자마자 나는 서둘러 상단에 다시 합류했다. 다른 사람들이 나 때문에 조금이라도 지체해서는 안 되기 때문이다. 남은 두 번의 기도는 오늘 저녁과 내일 아침에 캠프에서 드려야겠다.

8일째

테네레의 천연기념물

테네레의 오아시스에는 아카시아 나무가 한 그루 서 있는데, 오늘에 서야 처음 마주하게 되었다. 세계에서 가장 외딴 사막에서 홀로 자라난 이 아카시아 나무는 지도에도 제대로 표시되어 있다. 그런데 어찌된 일인지 나는 지금껏 그런 나무가 있는지도 몰랐다! 1973년, 어느 만취한 운전자가 몬 트럭에 받혀 쓰러졌는데, 나무는 그 '사건' 으로 유명해졌다. 지금은 니제르의 니아메Niamey 국립박물관에 늠름하게 자리하고 있다. 우물가에는 박물관으로 가버린 나무의 모양을 본 떠 그럴듯하게 디자인된 금속 조각품이 실물을 대신하고 있다.

뙤약볕 아래에서 가죽 물 부대와 플라스틱 용기를 가득 채우는데 많은 시간이 걸렸다. 모두 모여 차례로 돌아가면서 물을 마시기 때문이다. 하지만 낙타들은 파치Fachi에 도착할 때까지 혹 등에 비축된 물로 버텨야 한다. 낙타들이 완전히 갈증을 해소하는 데에는 많은 시간이 소요된다.

우리는 매일 저녁 캠프에서 쉬면서 기력을 되찾은 뒤, 다음날 새벽부터 쉬지 않고 내내 걷는다. 그러나 낮 최고 기온이 섭씨 60도까지 오를 때면, 우리는 낙타의 등으로 기어올라 녀석의 흔들거리는 허리에 몸을 맡기며 간다. 하지만 잠들지 않으려고 바짝 긴장해야지, 자칫하면 뜨겁게 달궈진 모래 위로 뚝 떨어질 수도 있다.

소금길 45

9일째

라고 Rago

할아버지께서 나를 믿고 맡기신 대상과 함께 하는 이번 여행길은 이디르와 나에게는 첫 테네레 횡단이다. 그러니 신고식을 겸한 환영 행사가 요란하게 열릴 만도 하다. 이 특별 행사는 니제르어로 '라고Rago'인데, 이는 투아레그 족만의 전통이다. 낙타 몰이꾼이자 길잡이로서 우리와 동행 중인 마두구 청년 몇 명이 살금살금 다가오더니 낙타의 등 뒤로 홀연히 사라졌다. 잠시 후, 얼굴에는 새까만 그을음을 바르고 낙타 머리 모양의 탈을 뒤집어 쓴 채 어디선가 불쑥 튀어나오더니, 낙타 등 위로 훌쩍 뛰어 올랐다가 우리를 덮쳤다. 한바탕 비명과 뒤섞인 웃음소리가 여기저기에서 터지고 우리는 모래 바닥으로 굴러 떨어졌다. 그러나 짧은 휴식이 아쉬움의 탄식과 함께 끝나자 다들 조용히 자기 위치로 돌아갔다.

정오 무렵이다. 모래 위에 두 줄로 나란히 찍힌 자국이 내 시선을 붙들었다. 트럭 한 대가 방금 마두구를 지나왔다 길래, 나는 그곳에 대해 물어봤다. 그런데 그 트럭은 분명 밀입국한 불법 이민자들을 잔뜩 싣고 있었던 것 같다. 그들은 대개 불안정하고 열악한 상황에서 벗어나기 위해 그들의 나라에서 도망쳐 다른 나라로 몰래 숨어 들어간 사람들이다.

점점 피로가 몰려왔다. 오늘 아침 여섯 시쯤에 차를 넣어 끓인 조죽을 먹은 이후로 먹은 것이라고는 약간의 하르지라와 차 몇 모금이 전부이다. 저녁 식사는 앞으로 열네 시간을 더 걸어서 캠프에 도착해야 먹게 될 텐데…. 해는 이미 오래전에 저물었다. 어둠 속에서 우리는 낙타에 실었던 짐을 내려 주고는 녀석들이 게걸스럽게 먹어 치우고 있는 짚단을 둘러싸고 옹기종기 모여 앉았다.

10일째

모래 폭풍을 만나다.

우리는 잠시도 멈추지 않고 줄곧 걷고 있다. 선두에 가던 낙타가 갑자기 그르렁거리며 한 발짝도 움직이지 않으려 한다. 그러자 뒤따르던 녀석들도 대장을 따라 멈추었다. 열대 모래 폭풍이 곧 불어 닥칠 김새를 차린 것이다. 짐승들은 대개 인간보다 자연의 징후를 먼저 알아차리는 능력이 있다. 낙타들이 옹기종기 모여들더니 모래 바닥에 코와 주둥이를 박았다. 우리도 서둘러 코와 입을 덮개로 감쌌다. 그렇게 하지 않으면 질식해서 죽을 수도 있기 때문이다. 바람은 이틀 낮 이틀 밤을 그칠 줄 모르고 으르렁댔다. 모래 폭풍에 세상이 자신의 고유한 색과 빛을 잃어버렸고, 회색 모래가 불어 와, 옹기종기 모여 잔뜩 몸을 움츠린 우리를 마치 빗질을 하듯 쓸고 지나갔다. 이윽고 낯선 정적이 흘렀다. 모든 것을 뒤덮어 버린 모래 언덕 사이로 형체들이 빠끔히 나타나기 시작한다. 자, 이제 보따리에 쌓인 모래를 털어내고 낙타에게 먹이를 준 다음 서둘러 식사 준비를 해야겠다. 따뜻한 찻잔과 먹거리가 돌려지자, 다들 조금씩 생기를 되찾는 것 같았다. 짐들이 무사한지 꼼꼼하게 점검한 뒤 다시 길을 떠났다.

저녁이 되어 다시 캠프에 도착했지만, 어느 누구도 한마디 말이 없다. 사람, 짐승 할 것 없이 모두 녹초가 된 것이다. 모래 폭풍에 더하여 낮에는 섭씨 60도가 넘다가 밤이 되면 섭씨 5도까지 떨어지는 무시무시한 일교차는 우리의 여정을 더욱 고달프게 한다. 거의 집어삼키듯 허겁지겁 저녁 식사를 마치자마자 모두들 담요 속으로 미끄러져 들어갔다.

밤이다. 시시각각 기온이 떨어져 온 몸이 얼어붙을 것 같은 사막의 밤이다. 자칫하면 물릴 수도 있는 위험마저 무릅쓰면서 나는 낙타 한 마리에게 바짝 기대고 몸을 쪼그렸다. 그러고 있으니 서서히 온기가 느껴졌지만 잠은 오지 않았다. 광활한 하늘 전체를 가릴 것처럼 번득이는 별빛을 넋을 놓고 구경하다 보니, 어느덧 마음이 평온해졌다. 이런 장관을 결코 놓칠 순 없다.

14일째

파치Fachi의 오아시스

매일매일이 똑같은 리듬의 연속이다. 어제 우리는 반대 방향에서 오는 중이던 다른 상단과 마주쳤다. 서로 멀찍이 떨어진 곳에서 어색한 인사를 나눴다. 그리고는 다시 각자의 길을 갔다. 사람과 짐승 모두, 사막의 열기 때문에 갈증이 났다. 어느 누구도 입도 뻥긋하지 않는다. 그나마 낙타의 슈슈하는 발걸음 소리마저 없다면, 마치 진공관 속처럼 정말 아무 소리도 들리지 않을 것 같다. 몇 시간이 흘렀다. 우리 길잡이가 갑자기 걸음을 멈추고 모래를 한 움큼 쥐고서 유심히 살펴보더니, 모래 알갱이의 모양과 색깔이 바뀌었다며 큰 소리로 외쳤다. 파치의 오아시스가 엎어지면 코 닿을 데에 있다는 뜻이다! 그때, 낙타 한 마리가 갈증을 호소하는 듯 갑자기 요란한 소리를 내질렀다. 그래도 우리는 쉬지 않고 계속 걸어야 했다.

염전이 제법 오래 방치되었는데도 오아시스는 여전히 남아 있었다. 하지만 우리는 그곳의 염수를 마실 수 없었다. 짠물을 마시면 병이 들기 때문이다. 그럼에도 가죽 부대는 가득 채워야가 한다. 혹 등에 저장했던 물이 바닥이 난 모양인지, 내내 온순하던 낙타들이 물을 두고 격렬한 몸싸움까지 벌인다. 녀석들이 갈증을 완전히 해소하려면 이틀은 꼬박 걸리는데…. 어쨌거나 우리는 그 후에야 다시 길을 떠날 수 있다.

소금길 47

20일째

빌마Bilma 염전에서

카우아르 기슭이 갑자기 눈에 들어온다. 파치에서 떠난 지 닷새째, 마침내 빌마에 도착한 것이다. 사람과 짐승 모두 살판이 났다. 다들 쉼터에서 한숨을 돌렸다. 낙타가 실컷 목을 축이는 사이에, 나는 아이르에서 가져온 봇짐을 풀어 물건들을 죄다 늘어놓았다. 고추, 토마토, 양파, 건조 치즈, 채색유리 세공품, 옷감 등등. 가져온 교역 물품을 가지고 오아시스의 특산물인 고급 대추야자 열매와 맞바꾸기 위해 나는 한참 동안 입씨름을 해야 한다.

작열하는 태양. 그 아래 염전이 지글지글 끓어오른다. 마을에서 2킬로미터쯤 떨어진 그 풍경은 그야말로 황량하기 이를 데 없다. 속 깊은 대야처럼 움푹 팬 곳에는 맑은 염수가 고이고, 일꾼의 발과 다리가 소금물에 절고 있다. 그는 강렬한 햇빛에 증발되어 생겨난 소금꽃을 막대기로 잘게 부스러뜨린 후, 주걱 비슷한 것으로 밑바닥을 알뜰하게 긁어낸다. 그리곤 다시 우묵한 용기에다 소금 알갱이를 넣고 들어 올린 후, 바닥에 골고루 펴서 말린다. 그렇지 않아도 염전일로 지친 몸은 낮 최고 기온을 섭씨 70도까지 올려놓는 열기에 짓눌려 급기야 탈진할 지경에 이른다. 한쪽에서는 남자들이 찰흙이 섞인 소금을 대나무 줄기 안에다 꼭꼭 다져 넣어 원뿔 모양의 소금 덩어리인 '칸투kantou'*를 만들고 있고, 또 다른 한쪽에서는 여자들이 소금을 마치 전처럼 납작하게 빚어 '폿치fotchi'*를 만든다.

아이르에 가져갈 대추야자 열매와 소금을 사기 위해 우리는 이틀 동안 열띤 흥정을 벌였다. 거래가 순조롭게 이루어지면 칸투와 폿치가 짚으로 정성스레 포장된다. 칸투나 폿치 한 개면 원가의 열 배에 해당하는 값을 받을 수 있지만, 약간이라도 부스러지는 순간, 즉시 헐값이 되어버린다. 이제 아이르로 돌아갈 모든 준비가 끝났다.

칸투 폿치

24일째 귀로

그 동안, 밤이면 금성이 아가데즈가 있는 서쪽을 가리켜 주었고, 아침이면 으레 짐을 싣느라 진이 다 빠지곤 했다. 소금 덩어리를 등에 지기를 거부하는 낙타들과 아침마다 씨름을 하느라 그런 것인데, 소금 덩어리가 채소 보따리보다 훨씬 더 무거운 것은 사실이다. 빌마에서 며칠을 보내긴 했지만 충분히 쉬지 못한 탓인지 낙타들이 녹초가 되어 있었다. 짊어진 짐과의 마찰 때문에 혹 등의 피부가 까져서 상처투성이인데다가, 배가 고파서인지 몹시 예민하게 굴었다. 주둥이에 부리망을 씌워 두었는데도, 낙타 한 마리가 자기보다 앞서 가던 녀석의 등에 실렸던 소금 덩어리가 포장된 짚단을 끌어 내리고 말았다. 소금 덩어리 하나가 땅에 떨어졌지만, 다행히 부서진 데는 없었.

하지만 날이 저물어 갈 무렵, 내가 염려하던 일이 마침내 일어나고야 말았다. 가장 늙은 낙타 한 마리가 무리에서 자꾸만 뒤쳐지더니, 끝내 쓰러졌다. 쓰러진 낙타를 되살리고자 온갖 노력과 정성을 기울여 보았지만, 다시 일어나지 못했다. 우리는 녀석의 숨을 거두어 주고, 등에 지고 있던 무거운 짐을 내려주었다. 그렇게 해서 상황은 마무리되었다.

돌아오는 길에 테네레의 나무 앞을 다시 지나쳤다. 그리고 오래지 않아 아이르의 푸릇푸릇한 산이 드러나 보였다. 하지만 그 후로도 며칠을 더 걸어야 비로소 아가데즈에 도착했다. 한 달 만에 2만 킬로미터나 되는 길을 걸어서 다녀온 우리는 낯익은 사원의 첨탑이 눈에 들어오자 행복한 감격에 젖었다. 모든 소금 상단은 아가데즈와 빌마 사이를 일 년에 한번만 왕래하므로, 내년이 되어야 다시 길을 떠나게 된다.

하지만 일부 상인들은 어느새 니제르의 남쪽으로 다시 떠날 채비를 서두르고 있다. 그들은 우리가 빌마에서 사온 소금을 가지고 사하라 남부 지역으로 내려가, 그곳에 머물며 소금과 조의 물물 교환을 위해 흥정을 벌일 것이다. 막 수확이 끝난 남쪽 들녘은 마침 낙타가 혹 등에다 양분을 잔뜩 저장하기에 좋은 계절을 맞았을 것이다. 흥정과 거래가 순조롭게 마무리되면, 아이르의 상인들은 아홉 달 전에 떠나왔던 고향 마을로 되돌아오게 된다. 그러나 가족과 함께 보내는 석 달간의 짧은 휴식기가 지나면, 또 다시 그들은 새로운 세계를 향해 열린, 그 광활하고 거친 사막의 길을 떠날 것이다.

소금 대상의 오늘과 내일

아주 오랜 세월 동안 상인들은 낙타에 소금을 싣고 아프리카의 사막지대를 누비고 다녔다. 하지만, 20세기에 들어 두 차례의 극심한 가뭄으로 소금 무역이 중단된 적이 있다. 그 후, 소금 대상 무역은 유지되었지만, 시간이 흐를수록 낙타로 이동하는 상인들은 사막 한 복판에서 트럭을 탄 상인들과 점점 더 자주 마주치게 되었다. '트럭 대상'은 대량으로 구입한 소금을 트럭으로 신속하게 실어 나름으로써 소금 가격을 낮추었는데, 이는 '낙타 대상'이 오랜 세월 동안 유지해 온 전통적인 소금 거래 방식에 타격을 입히는 결과를 초래했다. 이러한 변화 속에서도 투아레그 족은 면면히 이어온 '교환' 경제를 지금도 고수하고 있다. 이는 '아이르~빌마~아가데즈'의 지역 특산물이 상호 보완적이며, 또한 투아레그 족의 전통과 고유문화의 맥을 이어간다는 면에서, 소금 대상 무역은 그들만의 '독자적인' 문화이기 때문이다.

미주

* **니제르**Niger: 아프리카 사하라 사막의 중남부에 자리한 내륙 국가이다. 니제르는 투아레그 족이 오랫동안 지배하고 있었으며, 아가데즈를 중심으로 북아프리카의 마그리브 지방과의 대상 무역 중심지로 발전하였다. 즉, 니제르는 아프리카 종단무역과 사하라 사막 횡단무역의 중심축에 자리 잡아 아프리카 특산물의 집합지라고 볼 수 있다. 사하라 남쪽에 광대한 국토가 있으나 북부지방은 사막, 남부지방은 스텝으로 대부분이 건조지역이기 때문에 주로 목축을 하며, 니제르강 유역에 약간의 농경지가 있을 뿐이다.

* **오웨이**Owey: '황소를 모는 사람들'이라는 뜻이다.

* **테네레**Ténéré **사막**: 사하라 사막의 중앙이자 니제르 북부의 사막 안에 있는 작은 사막이다. 드넓은 사막에 바위투성이 고원들이 불쑥 등장하는 거대한 모래바다이다. 이곳의 사구들은 높이가 245미터에 달하는데, 이는 세계 최고의 수준이다. 남쪽으로는 북쪽보다 낮은 '세이프 사구'가 있다. 이 사구는 160킬로미터 길이의 모래 언덕들이 이어져 있는 곳으로, 골과 '가시스'라 불리는 마루가 반복되어 나타난다. 투아레그 족의 소금 대상들은 이 마루를 따라 빌마에서 아가데즈로 소금을 날랐다.

* **투아레그 족**Tuareg: 베르베르 족에 속하며, 현재 인구는 약 30만 명 정도이다. 사하라 사막에서 낙타와 염소 그리고 양을 키우는 유목 생활을 하고 있다. 알제리, 말리, 니제르 등지에 폭넓게 퍼져 살며 가축을 몰고 목초지를 찾아 사하라 사막 이곳저곳을 옮겨 다닌다. 일부는 대상 무역을 한다. 니제르에는 10세기경 진출하였고, 아랍인들에게서 이슬람교와 낙타 사육법을 배웠다. 그러나 이슬람권에서는 볼 수 없는 고유의 문자와 신분제도 그리고 주요한 권리의 모계 상속, 일부일처제 고수 등의 전통 문화를 유지하고 있다.

* **아이르**Air **산맥**: 니제르 중북부에 위치하며 알제리와 국경을 접하고 있다. 평균 해발 고도는 700~800미터이다. 해발 1,800여 미터의 탐가크산을 최고봉으로 하며, 약 1,500미터 정도의 화산암이 여러 개 솟아 있는 기이한 경관을 이루고 있다. 11세기부터 이 지역에 투아레그 족이 살고 있다.

* **빌마**Bilma: 카우아르Kaouar 기슭에 형성된 오아시스 도시이며 사하라 사막의 중부에 위치한다. 소금 무역 대상들은 이곳에서 소금을 채취한다.

* **아가데즈**Agadez: 아프리카 니제르의 중앙부에 위치한 아이르 산맥의 남쪽 기슭에 있는 도시로, 사막으로 들어가는 관문이다. 아이르Air 술탄 왕국이 건국되고 투아레그 족이 이 도시에서 정착 생활을 시작했던, 15세기~16세기에 개발되었다. 목축업의 중심지이자, 사하라 사막을 횡단하는 대상 무역의 도시였다. 옛 집단 야영지의 경계를 따라 개발되었기 때문에, 오늘날에도 도로 형태의 원형이 그대로 남아 있다.

* **인 갈**In-Gall: 인구 500명 정도의 아가데즈 지역에 위치한 오아시스 도시이다. 인 갈은 투아레그 족과 우다베Wodaabe 족의 소금 만찬 축제로 유명하다.

* **마두구**Madougou: 말리Mali의 몹티Mopti주에 거주하는 코로Koro 족의 마을이다.

* **칸투**kantou, **폿치**fotchi: 칸투는 원뿔 모양으로 만든 소금 덩어리로 아래는 넓고 위는 좁다. 주로 남자들이 대나무 기둥에 소금을 넣고 만든다. 한편, 여자들이 만드는 폿치는 납작하게 빚은 소금 덩어리로, 칸투와는 달리 판매가 목적이다.

소금길 51

황금과 태양빛이 가득한 신대륙을 향하여!
대서양 연안으로부터 아메리카에 이르는 대항해의 길

이미 오래전부터 동양에 대한 꿈을 키워 온 유럽인들은 비단과 향신료, 다이아몬드와 같은 동양의 명품을 구입하기 위해 금이 절실하게 필요해졌다. 그러나 지중해 무역은 아랍인들의 수중에 있었고, 이탈리아는 중계무역의 주도권을 쥐고 동양의 물건을 유럽의 여러 나라에 팔고 있었다. 따라서, 포르투갈과 스페인은 아랍과 이탈리아를 우회해서 동양과 '직접' 교역할 수 있는 길을 찾고 싶었을 것이다. 그러한 상황 속에서 포르투갈과 스페인은 15세기 무렵, 황금을 찾기 위해 베일에 싸인 신비의 나라, 인도로 향하는 새로운 길을 개척하는데 혈안이 되어 있었다.

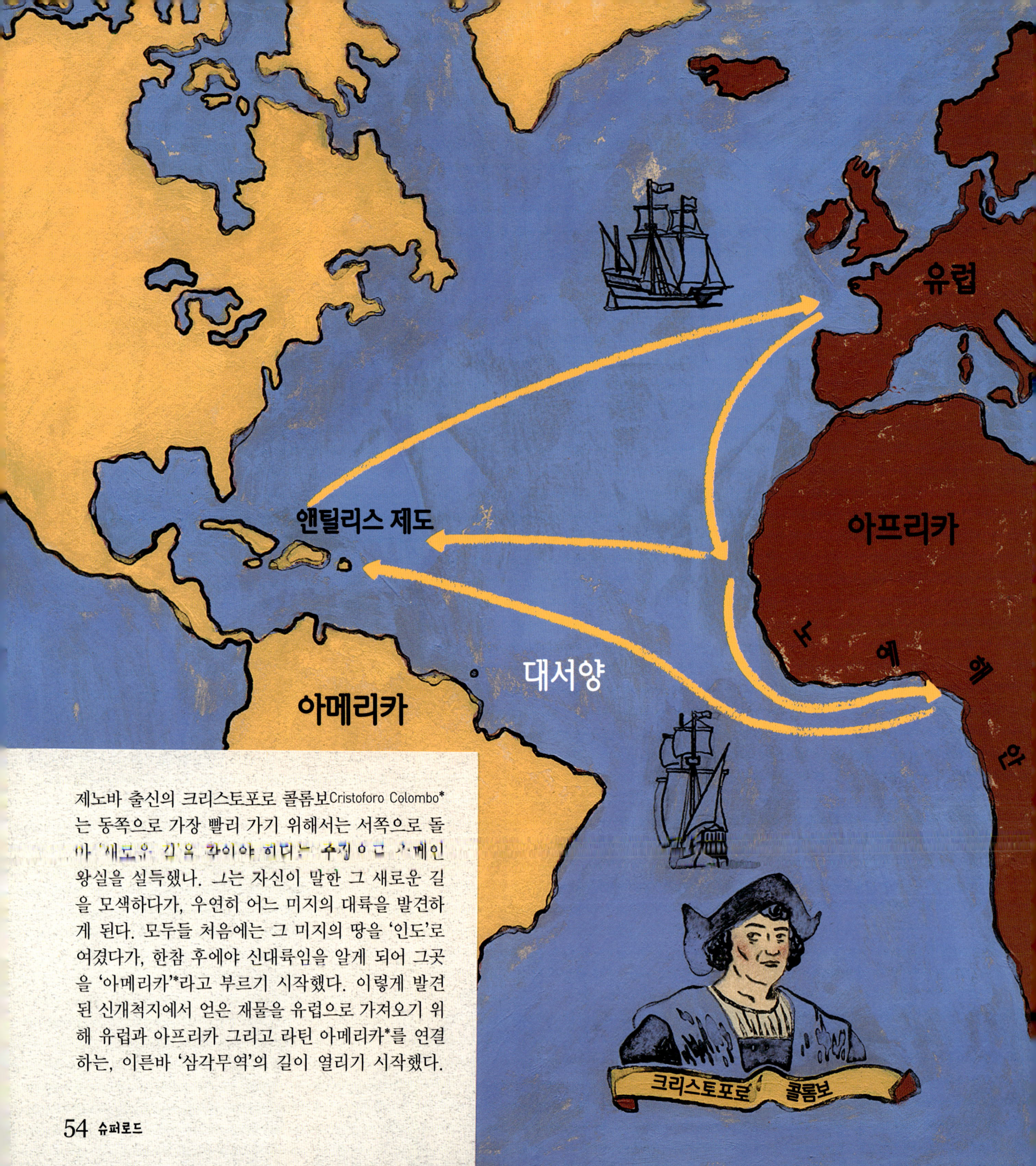

제노바 출신의 크리스토포로 콜롬보Cristoforo Colombo*는 동쪽으로 가장 빨리 가기 위해서는 서쪽으로 돌아 '새로운 길'을 찾아야 한다는 주장으로 스페인 왕실을 설득했다. 그는 자신이 말한 그 새로운 길을 모색하다가, 우연히 어느 미지의 대륙을 발견하게 된다. 모두들 처음에는 그 미지의 땅을 '인도'로 여겼다가, 한참 후에야 신대륙임을 알게 되어 그곳을 '아메리카'*라고 부르기 시작했다. 이렇게 발견된 신개척지에서 얻은 재물을 유럽으로 가져오기 위해 유럽과 아프리카 그리고 라틴 아메리카*를 연결하는, 이른바 '삼각무역'의 길이 열리기 시작했다.

황금에 눈이 먼 정복자들

향신료를 찾아다니던 열정은 이제 황금을 찾겠다는 기대감과 탐욕으로 변해 버렸다.

스페인 정복자들은 15세기말에서 16세기경, 아메리카 대륙에 처음 발을 디뎠다. 그곳에서 처음 만난 원주민들의 모습에 그들은 충격을 받았다. 그저 야만인일 것이라 짐작해 왔던 원주민들이 온몸에 휘황찬란한 장신구를 걸치고 있었기 때문이다. 바다를 건너 온 정복자들의 눈을 부시게 한 것은 매우 아름답고 정교한 금 세공품이었는데, 사실 그것은 인디언들이 특별하고 중요한 의식 때마다 착용하는 장신구였다. 황금의 찬란한 빛에 눈이 먼 유럽인들은 그것을 소유하고 싶다는 욕망에 사로잡혀 즉시 잉카Inca와 아즈텍Aztec 제국*의 보물을 약탈하기 시작했다. 약탈해 간 황금은 녹여서 금괴로 변형시킨 후, 스페인 왕실의 금고를 가득 채웠다.

그러나 사치와 허영에 들뜬 스페인 왕실은 황금을 흥청망청 써버렸다. 그러자 왕실의 금고는 차츰 바닥이 드러나기 시작했다. 이에 스페인 왕실은 새로운 금광을 찾기 위해 매우 다급해졌다. 때마침 온몸에 순금을 바른 사람들이 사는 '황금의 도시El Dorado'*가 어딘가에 존재한다는 소문이 돌기 시작했다. 소유욕에 불탄 스페인 탐험가들은 지체 없이 황금의 도시를 찾아 떠났고, 머지않아 그것을 찾아냈다. 그들은 브라질의 황금과 다이아몬드, 지금은 볼리비아에 속하는 포토시Potosi 산이 있었던 옛 페루와 멕시코의 은*을 발견한 것이다. 그리하여 광산의 개발은 유럽의 무역뿐만 아니라, 인디언들의 삶에도 급격한 변화를 가져왔다.

'백금'으로 통한 사탕수수

스페인의 식민지 개척은 유럽의 주변 국가들에게도 영향을 미쳤다.

포르투갈은 비슷한 시기에 브라질에 발을 들여 놓자마자 사탕수수 농장*을 장악하고, '백금'으로 통하던 사탕수수를 독점함으로써 많은 수익을 올렸다. 이에 자극을 받은 네덜란드는 포르투갈의 사탕수수 농장을 잠식해 들어갔다. 그리고 어느새, 스페인과 영국, 프랑스 또한 네덜란드의 뒤를 밟으며 쫓아가는 모양새가 되어 갔다. 17세기에는 루이 14세가 앤틸리스Antilles 제도를 확보함으로써, 프랑스도 자체적으로 사탕수수 농장을 개발하기 시작했다. 하지만 광산이던 농장이던 간에, 모든 것은 '값싼 노동력'의 공급에 의존적일 수밖에 없었다.

미타가 부른 재앙

유럽에서 온 정복자들은 순식간에 원주민의 문명을 파괴하고 광산을 집중적으로 개발했는데, 그 과정에서 인디언들의 노동력을 철저히 착취했다.

잉카 제국은 '미타mita'*라 불리는 공공 부역제도를 근거로 인디언들을 연중 일정 기간의 노역에 참여시키고 있었다. 이것을 교묘하게 악용한 스페인 정복자들은 별다른 제약 없이 인디언 노동력을 저렴한 가격에 공급받을 수 있었다. 그리하여 미타에 강제 동원된 인디언들은 거의 일 년 내내 광산에서 지내야 했는데, 그들의 노동 환경은 너무도 열악했다. 갱의 내부는 열기로 숨이 막힐 지경이었고, 고원은 살이 얼어붙을 만큼 추웠다. 또한, 광산에서 캐낸 광물을 지상으로 끌어올리느라 늘 기진맥진했다. 게다가 감기와 천연두 등, 정복자들이 유럽에서 가져온 질병에 감염되어 희생되기도 했다. 그로 인한 인명 피해와 손실이 막대하여 거의 재앙에 가까웠다. 사탕수수 농장과 광산에서 그렇게 죽어간 인디언들이 수만 명에 이르게 되자, 마침내 노동력은 고갈되었다.

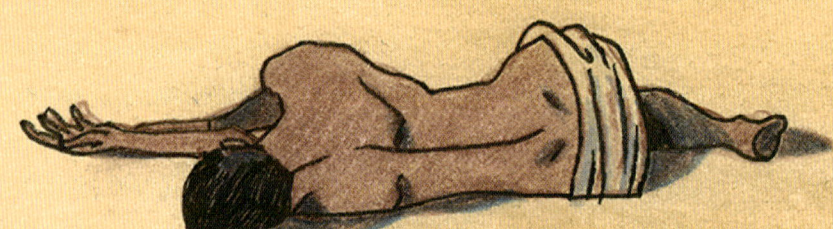

노예를 찾아서

16세기부터 시작된 유럽인들의 식민지 노동력 착취는 마치 고대 노예제도를 재현하는 듯한 인상을 주었다.

그렇듯 사탕수수 농장은 노예로 전락한 인디언 노동력을 기반으로 돌아가고 있었다. 숲 속에 대규모 인신 매매단을 조직한 광산 채굴업자들은 미처 도망치지 못한 인디언들을 끌고 가, 광산 노동자로 등록시키고 있었다. 인디언의 수가 급감하자, 스페인 식민지 총독부는 아프리카로부터 노예를 사들여 식민지에 공급하기로 결정했다. 당시 아프리카에서는 이미 부족 간의 전쟁이 끊이지 않아 포로로 잡히는 사람들이 많았는데, 그들은 아랍인 중계 상인들의 손을 거쳐 노예 시장으로 팔려 가고 있었다.

신대륙, 새로운 흑인 노예 시장이 되다.

그리하여 아메리카의 식민지는 새로운 인신 매매 시장이 되었다. 노예는 아랍 상인의 손을 거쳐 노예 시장으로 공급되었다. 노예 상인은 아프리카로부터 잡혀온 흑인들을 넘겨받자마자 뜨겁게 달궈진 쇠로 그들의 몸에 낙인을 찍고 3등 선실에 가두어 버렸다. 그곳은 높이가 불과 80센티미터 밖에 안 되는 공간으로, 오로지 앉거나 누울 수만 있었다. 그들은 두 사람씩 쇠사슬에 발목이 묶인 채, 신선한 바깥 공기도 마실 수 없는 캄캄한 공간에 갇혀있었다. 그 비좁고 비참한 공기 속에서 전염병이라도 돌게 되면, 피 없는 목숨들이 수없이 꺼져 갔다. 설령 그곳에서 살아남아 신대륙에 발을 딛는다 하더라도, 노예로 팔려 온 그들을 기다리는 것은 농장과 광산의 극도로 열악한 노동 환경에다, 지겨우리만큼 고통스러운 나날들뿐이다. 그곳에서도 사망률은 매우 높았다. 여성들은 가축이나 다름없는 취급을 당했고, 아이들도 다섯 살이 되자마자 어른들과 함께 고된 일을 해야 했다.

황금과 은을 나르는 배들

16세기 중반부터 스페인은 아메리카 대륙에서의 독점 무역을 고수하고, 상선들을 보호하기 위해 대규모의 함대를 꾸렸다.

스페인은 밀, 기름, 포도주와 가축을 비롯한 온갖 도구들을 갤리온선galeón*에 싣고 신개척지로 갔다. 그리고는 그것들과 맞바꾼 황금을 가득 싣고 스페인으로 돌아갔다. 선체가 육중한 갤리온선은 카라벨선carabela*보다 부피가 열 배나 더 크고 무거운 화물도 실어 나를 수 있는데다, 대포로 무장한 강력한 범선이었다. 황금과 은을 싣고서 항해하는 스페인의 범선은 다른 유럽 상선들의 부러움과 욕망의 대상이었다. 이어서 스페인은 재빨리 무장 함대를 편성하여 아메리카의 두 지역으로 각각 보냈다. 4월에는 앤틸리스 제도와 오늘날 멕시코에 해당하는 누에바 에스빠냐 부왕령Virreinato de Nueva España*을 향해, 8월에는 남아메리카의 테라 피르메Terra Firme*로 출항했다. 두 배는 귀향 길에는 쿠바에서 합류한 다음, 당시 스페인의 관문이었던 항구도시 세비야Sevilla*를 향해 황금과 은을 싣고 다시 길을 떠났다.

스페인은 또한 아시아와도 무역을 시작했다. 스페인의 상선은 17세기부터 일 년에 두 번, 멕시코의 아카풀코Acapulco와 필리핀의 마닐라Manilla 사이를 왕복했다. 아카풀코를 떠나는 배는 은을 싣고 아시아로 갔다가, 비단과 도자기, 상아, 칠기 등을 가지고 돌아갔는데, 이러한 상품들은 멕시코에서 열린 대형 박람회에서 선보이기도 했다.

화약 ↔ 노예 ↔ 설탕의 교환: 삼각무역의 형성

신대륙의 노예제도는 18세기에 이르러 그 절정에 달했다. 프랑스령 식민지들에서는 1848년이 되어서야 노예제도가 완전히 사라지게 된다.*

노예 상선은 낭뜨Nantes, 보르도Bordeaux, 라로쉘La Rochelle, 생말로Saint Malo, 리스본Lisbon, 런던London, 암스테르담Amsterdam에서 출항했다. 그들은 화려한 색상의 옷감과 못, 유리구슬, 총과 화약 등을 가져갔는데, 이 모두가 이른바 '흑단목'으로 불리는 흑인 노예들을 실은 상선과 교역하는데 쓰일 것들이었다. 유럽인들은 그렇게 사들인 흑인 노예를 팔아 담배, 카카오, 설탕과 같은 앤틸리스 제도의 열대 특산물을 구입했다.

불법 해적단과 왕실 공인 해적단

바다를 횡단하는 것은 워낙 위험한 일이라, 떠날 때에는 어느 누구도 자신이 탄 배가 목적지에 무사히 도착하리라 장담할 수 없었다. 물건을 가득 실은 화물선을 급습하여 노략질을 하는 불법 해적단 때문이다. 그들 중 '검은 수염 선장Blackbeard*'이 이끄는 해적단은 잔인하기로 악명이 높았다. 그들은 언제나 단검과 장검, 여섯 개의 총을 지니고 다녔다고 한다. 이 영국 해적단은 붙잡힌 인질이 항복하면 살려서 보내주었지만, 저항한 자가 무사히 돌아온 경우는 없었다.

불법 해적단 이외에도 왕실의 공인을 받은 해적단도 있었는데, 주로 적의 함대를 파괴하는 임무를 맡았다. 그들은 각각 프랑스와 영국 왕실에 충성을 맹세하고, 세금을 납부한 대가로 왕실의 전격적인 지원을 받았으니, 말하자면 '합법적'인 해적질이 가능했던 것이다. 따라서 적의 포로가 되는 경우, 왕실은 그들을 해적이 아닌 전쟁 포로로 대우했다.

왕실의 후원을 받았던 해적 선장 중에서도 특히, 프란시스 드레이크Francis Drake*의 이야기는 널리 알려져 있다. 그는 열두 살부터 배를 타기 시작했는데, 이후 노예 무역선에서 15년간 일하다가 영국의 엘리자베스 1세* 여왕의 해군에 입대했다. 당시 영국은 신대륙의 해상무역을 장악하기 위하여 스페인과 치열한 경쟁을 벌이고 있었다. 드레이크는 영국 왕실의 명예를 걸고 아메리카 대륙의 스페인 식민지를 약탈하는가 하면, 적의 함대도 다수 격파했다. 그는 마침내 스페인의 무적함대인 아르마다Armada*의 격퇴에 결정적인 공을 세웠다. 당시 스페인의 무적함대는 영국의 연안을 공격할 전략을 세우고 만반의 준비를 끝낸 상황이었다. 이후 드레이크는 영국 여왕으로부터 기사 작위까지 수여받았지만, 말년에는 매우 불행하게 살다가 이질로 생을 마감하고 말았다.

사실, 배와 운명을 같이하는 이들에게 당시의 해전은 지옥 그 자체였다. 배 한 척에 200발도 넘는 포가 날아드는 일쯤은 다반사였다. 당시의 해전은 퍼붓는 소나기처럼 집중적으로 포격을 해대어 수로를 연 다음, 적의 돛대를 쓰러뜨리고, 짙은 화약 연기로 앞이 안 보이는 적들을 죽이는 양상으로 치러졌다. 설령 운 좋게 배에서 탈주하더라도 해안가나 외딴 섬으로 재빨리 피신해야 했다. 또한, 목수들이 부서지고 엉망이 된 배를 수선하는 데에도 꽤 많은 시간이 걸렸다.

프란시스 드레이크

순항의 조건: 바람과 경도

당시에 바닷길을 순항하기 위해서는 배가 지나는 지역에 때마침 *탁월풍이 불어 주어야 했다. 북반구에서는 무역풍이 북동쪽에서 남서쪽을 향해 규칙적으로 불어주기 때문에, 스페인의 배들이 앤틸리스 제도와 아메리카 대륙 쪽으로 미끄러지듯 항해할 수 있었다. 바닷길을 통해 목적지까지 닿으려면 대개는 두세 달쯤 걸리지만, 역풍을 만나 바람을 안고 가게 되면 못해도 한 달은 족히 더 걸렸다.

먼 바다를 항해하는 도중에는 배의 위치, 즉 경도를 정밀하게 계산하는 것은 매우 중요한 일이다. 18세기 동안, 영국은 천문학과 항해술 연구에 열을 올렸는데, 경도 측정법의 공모전에 거액의 상금을 거는 등, 적극 후원했다. 이는 출발 지역의 자오선 시간이 그대로 유지될 수 없는데다, 당시에는 항해 도중 태양시와의 차를 계산하는 방법을 몰라, 배의 위치를 정확히 알아낼 수 없었기 때문이다.

공모전의 결과, 존 해리슨John Harrison이라는 요크셔 출신의 어느 시계 기술자가 일등 상금의 영광을 안았다. 그는 12년에 걸친 노력 끝에, 당시로서는 대단히 정밀한 '머린 크로노미터Marine Chronometer'*를 발명했다. 해리슨이 고안한 이 항해용 시계는 그 때까지 항해사들의 큰 고민거리였던 경도의 정확한 계산에 골몰할 만한 해법을 안겨다 준 기특한 물건이었다.

돈이 유럽의 권력 지도를 바꾸다.

유럽의 경제는 새로운 해상무역의 결과, 오히려 혼란에 빠졌다. 스페인은 아메리카에 대한 독점 무역을 고수하기 위해 온 힘을 쏟아 부었지만, 다른 유럽 국가들과의 충돌을 피할 수는 없었다. 그것은 '길'을 둘러싼 팽팽한 무역 쟁탈전이었다. 식민지에 세워진 경쟁 국가의 무역관이나 무역항을 수시로 노략질하거나 상선을 공격하는 과정에서, 아예 본격적인 해전을 치르기도 했다.

더 많은 금과 은이 스페인으로 유입될수록, 세비야에서는 물가 상승이 지속되었다. 이른바 '가격혁명*'이 일어난 것이다. 이 상황을 틈타 막대한 수익을 올린 것은 바로 플랑드르Flandre와 네덜란드의 상인들*이었다. 이들은 식민지에 가장 저렴한 가격으로 상품을 공급함으로써 점차 시장을 장악했다. 이어 암스테르담의 주식시장*과 은행의 규모가 점차 커졌고, 마침내 그때까지 유럽 금융계의 큰 손이었던 이탈리아의 주식시장과 은행까지 압도했다.

유럽인들은 신대륙의 발견을 계기로 하여 아랍인들이 군림했던 지중해로부터 벗어나, 대서양과 태평양에서의 무역을 개시할 수 있었다. 황금빛으로 가득 찬 '신세계'로 유럽인들의 관심과 발길이 쏠리게 되자, 유럽과 아프리카 그리고 아메리카 대륙의 관계에도 커다란 변화가 일어나게 되었다. 그러나 영국, 네덜란드, 프랑스 세 나라가 각각 대규모의 무역회사를 인도에 세우면서, 또 다시 새로운 길이 열려가고 있었다.

*탁월풍: 무역풍이나 계절풍과 같이 특정 지역에서 특정 계절에 특정한 방향으로부터 가장 자주 부는 바람을 일컫는다.

미주

* **크리스토포로 콜롬보**Cristoforo Colombo, 1451~1506: 이탈리아 제노바 출신의 탐험가이다. '지구가 둥글다.'는 지동설을 믿은 그는 스페인 여왕 이사벨라의 후원을 받아 인도를 찾아 대서양 서쪽으로 항해를 했고, 쿠바, 아이티, 트리니다드 등을 발견했다. 콜롬보의 서인도 항로 발견으로 아메리카 대륙은 유럽인들의 활동 무대가 되었다.

* **'아메리카**America'**의 유래**: 이탈리아 출신 항해사인 아메리고 베스푸치Amerigo Vespucci의 이름에서 유래했다. 그는 1499년부터 1502년까지 아마존강 유역을 탐사하고 돌아온 후 쓴 『신대륙Mundus Novus』이라는 여행일지에서 이곳이 인도가 아니라 '새로운 대륙'일지도 모른다고 생각했다. 그의 친구이자 지도 제작자였던 발트 제뮐러는 『세계지리 입문Cosmographiae Introductio』에서, 베스푸치가 탐험했던 대륙의 명칭을 '아메리고'의 이름을 사용해 '아메리카'로 표시했다(1507년).

* **라틴 아메리카**Latin America: 북아메리카의 앵글로색슨이 개척한 식민지인 '앵글로아메리카'와 구별 짓기 위해 붙여진 지명이다. 과거에 라틴족인 스페인과 포르투갈의 지배를 받은 지역이기 때문이다. 그 범위는 북아메리카의 멕시코에서 남아메리카의 칠레에 이르는 지역과 카리브 해의 서인도 제도를 포함한다.

* **잉카**Inca **제국과 아즈텍**Aztec **제국**: 잉카 제국은 남아메리카의 중앙 안데스 지역, 즉 오늘날 콜롬비아에서 칠레에 이르는 광범위한 지역을 지배하며 찬란한 문명을 이루었으나, 스페인의 정복자들이 도착하면서 멸망하였다. 아즈텍 제국은 멕시코 중앙 고원을 중심으로 번영하였다. 그러던 1520년, 스페인의 에르난 코르테스가 이끈 군대의 갑작스러운 침입 이후, 수개월에 걸친 격렬한 전투 끝에 멸망하였다.

* **엘도라도**El Dorado: 남아메리카의 아마존 강변에 있다고 전해지는 상상 속의 황금의 도시이다. 스페인어로 '엘도라도'는 '금가루를 칠한 사람'이라는 뜻이다. 원래 남아메리카의 전설에 지나지 않았지만, 황금을 찾아온 스페인 정복자들 사이에 입에서 입으로 전해지면서, 엘도라도는 '황금의 도시'를 뜻하게 되었다.

* **멕시코와 페루의 은**: 식민지 초기에는 에스파뇰라 섬의 강에서 채취하는 소량의 사금砂金이 유일한 귀금속이었다. 그러나 이마저도 1530년경에 모두 고갈되고 말았다. 그 후 적극적인 광산 개발의 결과, 스페인은 1545년에서 1546년에는 포토시Potosí 은광, 1548년에 사카테카스Zacatecas 은광을 개발했다. 이곳에서 채굴된 은의 양은 1521년에서 1544년까지 전 세계 은의 34%를 차지했고, 특히 1581년에서 1600년 사이에는 전 세계 은의 약 89%를 차지했다고 하니, 그 채굴량도 대단하지만 원주민들의 노동 강도가 어느 정도였는지는 충분히 짐작할 수 있다.

* **플랜테이션**Plantation: 식민지의 통치자인 백인들이 열대나 아열대 지방에서 원주민의 값싼 노동력을 악용하여 대규모의 농장을 건설하고 열대 농작물을 단일 경작에 의하여 재배하는 농업이다. 원주민의 노동력에만 의존하며 노동조건이 극도로 열악하기 때문에 생산성이 낮다. 플랜테이션 농작물은 서인도 제도의 사탕수수, 중앙아프리카의 바나나, 브라질, 콜롬비아, 중앙아메리카의 커피와 카카오, 칠레와 자바의 키나 및 사탕수수, 말레이시아와 수마트라의 고무, 스리랑카의 차 등이 대표적이다.

* **미타**mita: 잉카제국의 공용어인 케추아어로 '차례'라는 뜻이다. 아즈텍과 잉카는 제국 내의 제후들과 영주들, 그리고 부락들로부터 조공과 부역을 받는 시스템을 활용하여 세금과 공동 노동력을 확보했다. 스페인 정복자들은 이 시스템을 악용하여 원주민들의 노동력을 갈취했다. 특히 멕시코와 중남미 지역에서는 원주민들을 플랜테이션 농장과 광산으로 동원하기 위한 시스템이었다. 해마다 성인 남자 일곱 명 중 한 명은 광산으로 불려나가 고된 노동에 시달렸다.

* **18세기 노예제 비판과 19세기 노예해방**: 18세기 초부터 계몽주의의 영향을 받아 인간 존중·인류 평등의 사상과 함께 노예제에 대한 비판의 목소리가 일어났고, 19세기에 이르러서는 인도주의적 노예제도 폐지론이 대두되면서 노예제 폐지의 구체적인 성과가 나타났다.

* **갤리온선**galeón: 16세기 후반에서 18세기 무렵까지 사용된 범선이다. 유럽 여러 나라들은 갤리온을 건조하여 군함과 대형 상선으로 이용하였다. 특히 스페인은 이것을 더욱 크게 만들어 신대륙 식민지로부터 금과 은을 본국으로 수송하는데 이용했다.

* **카라벨선**carabela : 15세기에 포르투갈이 만든 배로, 대항해 시대에 사용한 돛대가 두세 개인 중형 범선이다. 배의 특징은 삼각돛과 사각 돛을 동시에 사용하여 순풍이든 역풍이든 바람만 분다면 항해할 수 있었다. 뱃전의 높이가 매우 높아서 큰 파도에도 끄떡없었다.

* **누에바 에스빠냐 부왕령**Virreinato de Nueva Espana : 1535년부터 1821년까지 북아메리카와 아시아-태평양의 스페인 식민지를 다스리던 행정 단위이다. 부왕령은 식민지를 스페인 국왕을 대신하여 부왕이 다스리는 일종의 중세의 영지와 비슷하다. 누에바 에스빠냐 부왕령의 영토는 오늘날 미국 남서부, 멕시코, 파나마를 제외한 중앙아메리카, 카리브 해, 필리핀에 해당되었다.

* **테라 피르메**Terra Firme : 스페인어로 '단단한 땅'이라는 뜻으로, 아마존 강 유역 중 우기에도 침수되지 않는 지형을 가리켰다.

* **세비야**Sevilla : 스페인의 남서부에 있는 도시이다. 세비야의 옛 이름은 히스팔리스Hispalis이다. 세비야는 8세기부터 13세기까지 이슬람의 지배를 받았기 때문에 당시 유럽에서 가장 앞선 문화와 예술을 향유하고 있었다. 특히 12세기에는 이슬람 문화의 정수라 평가 받는 알카사르 궁전, 히랄다의 탑 등이 도시를 수놓았다. 15세기 말부터 신대륙 무역의 기지로서 전성기를 맞아 스페인을 상징하는 항구 도시로 발전하였다. 그러나 17세기에는 대형 선박의 출입이 편리한 카디스에 밀려, 점차 쇠퇴의 길을 걸었다.

* **'검은 수염**Blackbeard**'**, 1680~1718 : 18세기 무렵, 영국의 악명 높은 해적으로, '검은 수염'의 본명은 에드워드 티치Edward Teach이다. 덥수룩한 검은 수염과 공포를 자아내는 외모 때문에 '검은 수염'이라는 별명을 얻었다. 카리브 제도와 미국 동부 해안에서 주로 활약했다.

* **프랜시스 드레이크**Francis Drake, 1540년경~1596 : 영국의 공인 해적으로, 스페인의 해상무역을 교란시키기 위해 약탈 선단을 인솔하고 서인도 제도와 태평양으로 진출했다. 스페인의 펠리페 2세Felipe Ⅱ가 약탈 해적으로 규정하고 드레이크의 처벌을 요구했으나, 엘리자베스 1세 여왕은 이를 무시하고 기사 작위를 부여함으로써, 그를 영웅으로 칭찬하는 국민 감정에 동조하였다. 그러던 중, 1588년에는 하워드 경 휘하의 영국 함대 사령관으로서 무적함대인 아르마다를 맞아 칼레 앞바다의 화선火船 공격으로 적을 혼란에 몰아넣어 승리로 이끌었다. 그는 넬슨과 더불어 영국 최고의 바다 영웅으로 추앙받고 있다.

* **엘리자베스 1세**Elizabeth Ⅰ, 1533~1603 : 영국과 아일랜드의 여왕으로 헨리 8세의 딸이다. 그의 치세 하에서 영국은 절대주의의 전성기를 이루었다. 그는 당시 최강을 자랑하던 스페인의 압력에 굴복하지 않고 펠리페 2세의 구혼을 거절하는 한편, 스페인의 북아메리카 식민지의 무역선을 드레이크와 호킨스에게 명령하여 습격함으로써, 스페인의 해상 독점권을 위협하였다. 더 나아가, 스페인의 무적함대를 무너뜨림으로써 영국은 조그마한 섬나라에서 거대한 해상 제국으로 성장하기 위한 기초를 마련했다.

* **아르마다**Armada : 스페인의 왕인 펠리페 2세의 주도 하에 만들어진 대 함대이다. 펠리페 2세의 후반기에는 해외 무역에서 영국이 서서히 두각을 나타내고 국내의 정치와 경제도 쇠퇴했기 때문에, 무적함대 아르마다를 건조하게 되었다. 그러나 무적함대의 패배는 에스파냐의 해상 무역권을 영국에 넘겨주고 네덜란드가 독립하는 계기가 되었다.

* **존 해리슨**John Harrison, 1693~1776**과 머린 크로노미터**Marin Chronometer : 천문 관측을 통해 항해 중인 배의 위치를 정확히 측정하기 위해 사용하는 정밀한 시계이다. 뱃사람들은 옛날부터 북극성 또는 자오선 상의 태양의 고도를 측정하여 경도를 구하는 초보적 천문 관측을 통해 배의 위치를 파악하고 방향을 잡았다. 그런데 천체의 고도를 측정하여 경도를 정확히 구하기 위해서는, 그 천체가 시간과 함께 동쪽에서 서쪽으로 운동을 계속하고 있으므로 정확한 시계가 필요했다. 1714년 영국 왕실은 정확한 시계를 제작하는 자에게 상금을 주겠다고 공모했는데, 목수의 아들로 태어나 독학으로 기계학을 배운 존 해리슨이 1735년. 크로노미터 제1호를 제작하였다.

* **가격혁명** : 아메리카 대륙으로부터 대량의 금과 은이 들어오자, 화폐 가치가 떨어지고 유럽 전체의 물가가 상승했다. 이를 '가격혁명'이라 부르는 이유는, 유럽의 경제체제가 중세 봉건 사회에서 초기 자본주의 사회로 나아가는 데 도화선이 되었기 때문이다. 가격혁명은 임금 노동자나 지대 등 고정된 수입을 가진 사람들에게는 불리한 반면, 생산업자나 상인 또는 자영농에게는 유리하였다.

* **플랑드르**Flandre**와 네덜란드의 상인들** : 프랑스 북부, 벨기에, 네덜란드에 걸친 지역으로, 북해로 나아가는 관문이며, 북유럽과 지중해, 영국과 라인 지방을 잇는 교통의 요충지에 있어, 무역이 번창한 유럽 최대의 모직공업지대였다. 전략상으로나 경제적으로 중요한 지역이기 때문에 전쟁이 자주 일어났다.

* **암스테르담 주식시장** : 세계에서 가장 오래된 증권 거래소이다. 인쇄된 주식과 채권을 거래할 목적으로 네덜란드 동인도회사가 1602년에 설립했다.

차를 둘러싼 경쟁과 갈등의 길,
인도에서 유럽에 이르는 바닷길을 다투다.

포르투갈은 15세기부터 아프리카의 서해안을 끈질기게 탐색했다. 황금을 공급하는 시장뿐만 아니라, 동양으로 가는 '새로운 길'을 개척하기 위해서였다. '항해왕자'로 알려진 엔리케Henrique*는 포르투갈이 아프리카의 남단을 향해 더 멀리 나아갈 수 있는 기초를 마련했다. 그리고 마침내 1498년, 바스코 다 가마Vasco da Gama*는 희망봉을 돌아 인도양을 관통한 후, 인도의 캘리컷에 이르는 쾌거를 이루었다. 다 가마가 항해한 길은 이후, 동남아시아에서 출발한 향신료의 길과 만난다.

포르투갈의 조선술과 항해술은 엔리케 왕자의 추진력에 힘입어 15세기부터 더욱 발전했다. 포르투갈의 왕자 엔리케는 포르투갈의 남부에 위치한 사그레스Sagres 성에서 해양 원정을 준비했다. 지금으로 말하면, 해양·지리 연구소와 해군 조병창*을 아우르는 대규모의 복합 단지를 세웠는데, 엔리케 왕자는 그곳에서 유럽과 아랍의 우수한 학자와 기술자들의 연구를 아낌없이 지원했다. 또한, 중형 쾌속선인 카라벨선carabela을 건조建造하기도 했는데, 카라벨선은 사각 돛과 삼각돛을 동시에 사용하기 때문에 바람을 쉽게 거슬러 보다 직접적인 경로로 항해할 수 있었다. 한편, 엔리케 왕자는 선장들로 하여금 항해용 나침반을 반드시 사용하도록 했는데, 신기하게도 그 나침반은 마치 주술적인 힘을 발산하는 것 같았다.

그 이외에도 주로 바람과 해류뿐만 아니라 주변의 자잘한 군도들에 이르기까지, 항해와 관련된 모든 정보를 매우 꼼꼼하게 기록한 항해일지도 남겼다. 이는 바람의 방향과 항구 및 연안 등의 상황이 대단히 상세하게 묘사된 포르톨라노Portolano 해도*를 완성하기 위한 작업이었다. 그렇게 수집된 모든 정보는 왕실의 주도 하에 지도로 제작되어, 그것을 호시탐탐 노리는 주변 국가들의 시선을 피해 국가 기밀자료로 고이 보관되었다. 이후 16세기에 들어, 포르투갈이 인도를 향한 새로운 바닷길을 열고, 그 '길의 주인'이 될 수 있었던 것도 이러한 노력의 결실이었다고 볼 수 있다.

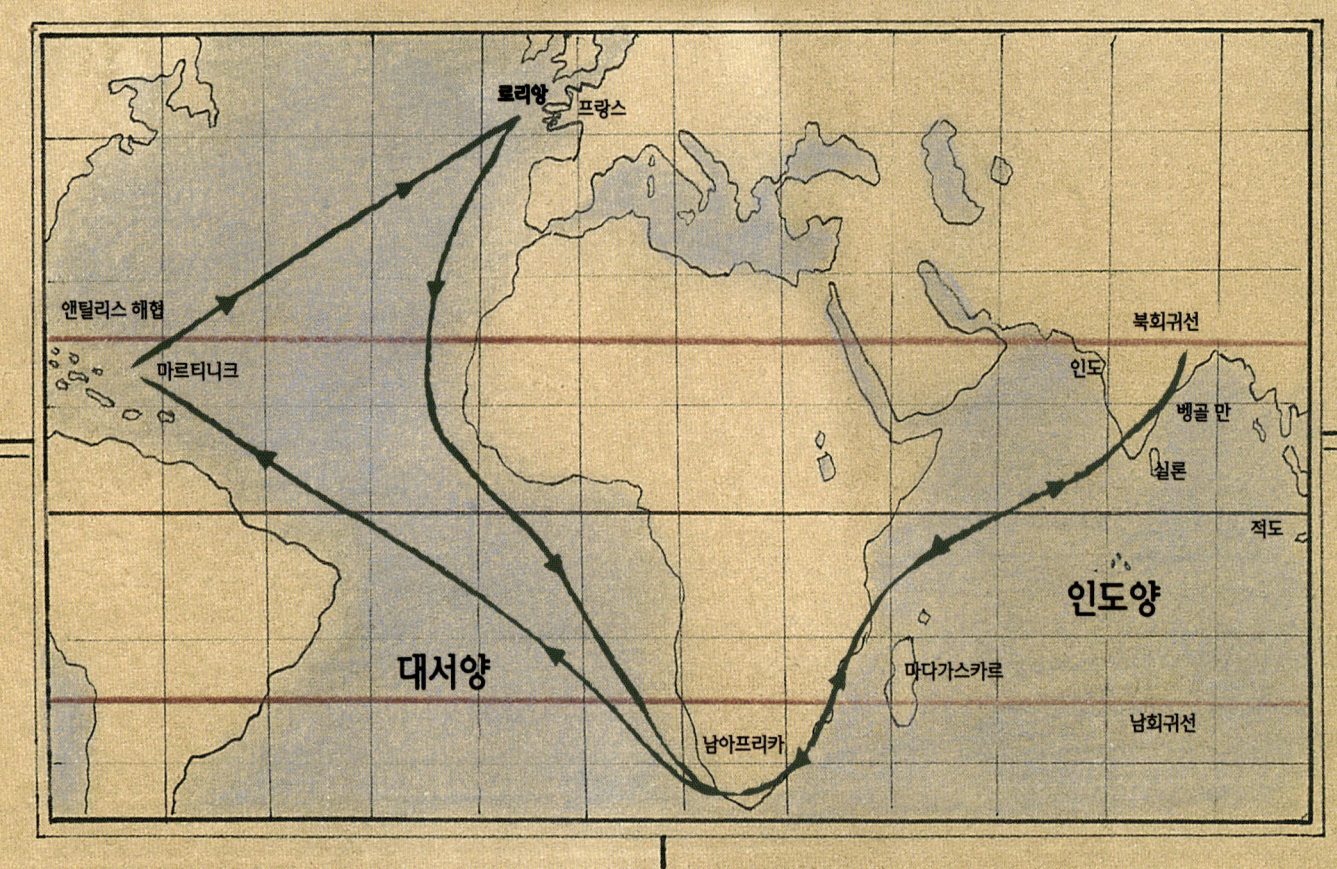

인도회사

포르투갈, 영국, 네덜란드는 프랑스보다 앞질러 길의 주도권을 둘러싼 경쟁에 돌입했다. 나라마다 각국의 인도회사*를 설치했는데, 영국은 '올드 레이디Old Lady', 네덜란드는 '연합동인도회사Vereenigde Oost-Indische Compagnie(VOC)'를 암스테르담에 두고 유럽 전역에 차를 유통시켰다. 프랑스는 뒤늦게 '동인도회사Compagnie des Indes'를 두었는데, 오늘날 레위니옹 섬île La Réunion*과 모리스 섬île de Maurice에 각각 해당하는 부르봉 섬île de Bourbon과 프랑스 섬île de France에 세워졌다.

모두가 원하는 그것

영국, 네덜란드, 포르투갈, 그리고 프랑스의 인도회사들의 유일한 목표는 가능한 많은 수익을 가져다 주는 상품을 확보하는 것이었다. 급기야 '그것'을 훔치기 위해 다른 나라의 상선을 노략질하기도 했는데, 그들이 그토록 갖고 싶어한 것은 다름 아닌 '차'였다. 유럽인들이 차를 처음 알게 된 것은 인도네시아의 자바Java 섬으로부터 찻잎이 가득 담긴 화물 상자가 암스테르담 항구에 처음 도착한 1606년이다. 네덜란드는 그로부터 거의 백 년 동안, 영국이 혼자 꿰차고 있던 차 무역에 틈을 엿보며 '기회'가 오기만을 기다렸다. 그렇게 해서 유럽 각국이 세운 인도회사들 간의 치열한 각축전이 벌어지는 가운데, 차는 오늘날과 같은 단순한 기호품이 아닌, '선망'의 대상이었다.

루이 14세의 재상인 꼴베르Jean-Baptiste Colbert*는 해전에 대비하기 위하여 1690년, 로베르 샬Robert Challe*과 함대를 인도로 보냈다. 꼴베르는 함대에 다음과 같은 두 가지 임무를 내렸다. 첫째, 영국과 네덜란드 상선을 모두 몰아낼 것. 둘째, 아시아를 비롯한 인도의 항구 도시들과의 무역을 개시할 것. 이러한 내용이 담긴 기록이 한 편의 인도 기행문으로 쓰여 지금까지 전해지고 있다.

저자는 루이 14세의 재무관이었던 로베르 샬이다. 그의 인도 항해일지를 읽다 보면, 당시에 프랑스 함대가 겪었던 수많은 우여곡절들이 모두 되살아나는 것 같다. 그럼, 지금부터는 인도의 퐁디쉐리Pondicherry*로 향하는 로베르 샬의 여행길을 따라가 보자.

 로리앙의 루이항

 리스본

 카나리아 제도

복회귀선

 카보베르데 군도

1690년 2월 24일 금요일

우리는 브르타뉴Bretagne의 로리앙Lorient항*에서 떠날 준비를 하고 있다. 뒤 쿠스네 후작Marquis Du Quesne*이 지휘하는 제독함 〈가이야르Gaillard〉, 〈와조Oiseau〉, 〈플로리상Florissant〉, 〈드라공Dragon〉, 〈리옹Lion〉, 〈에퀘이으Écueil〉, 모두 여섯 척이 대규모의 함대를 이루었다.

나는 왕실의 재무관으로서 배에 오르게 되었다. 220명의 포병들이 함선을 정비하고 있다. 선원들뿐만 아니라, 상인, 군인, 선교사까지 많은 인원이 배에 탔다. 그들 가운데에는 예수회* 선교사들도 있고, 귀국 길에 오른 중국인들도 눈에 띈다.

당시 프랑스 함대는 영국 및 네덜란드 배들과 교전 중인 요새를 수비하기 위해 충분한 병력과 무기를 갖춰야 했다. 한편, 선교사들에게는 현지 무역관이 선교 활동의 출발점이자 근거지가 되어 주었다.

1690년 3월 3일 금요일

나는 재무관이자 서기관인데다가, 함대의 전반적인 살림까지 도맡았다. 그 뿐만이 아니다. 나는 에퀘이으호의 선장 및 그 휘하의 부선장 한 명과 손잡고 일명 '유쾌한 트리오'까지 결성했다. 사실, 나는 모두의 사기를 진작시키기 위해 술 80병을 몰래 선실에다 감추어 두고 있었는데, 스페인과 영국 혹은 네덜란드의 배들이 종종 눈엣가시처럼 굴 때면, 다들 슬그머니 내 선실로 찾아 와서 목을 축이곤 했다.

1690년 3월 5일 일요일

우리는 지금 리스본과 같은 위도선상에 있다. 날씨가 화창하고 바다가 잠잠한 가운데, 우리는 카드 놀이를 즐기고 있다.

1690년 3월 7일 화요일

무역풍이 불어주니 머지않아 카나리아Canaria 제도의 꼭대기가 어렴풋이 보일 것만 같다.

무역풍은 카나리아 제도와 동일한 위도에서 북동쪽에서 남서쪽을 향해 불면서 배를 적도까지 밀어준다. 무역풍만 제대로 불어준다면 항해는 누워서 떡 먹기나 다름없다.

1690년 3월 20일 월요일

가이야르호의 돛대가 바다에 떨어지는 바람에 함대의 발목이 잠시 붙잡혀 있었다. 우리 함대는 이틀 전부터 카보베르데Cabo Verde*의 어느 섬 앞에 정박하는 중이다. 그런데, 이 섬의 정확한 경도를 계산할 수 없기 때문에 프랑스, 네덜란드, 스페인, 포르투갈이 만든 지도마다 제각기 다르게 표시되어 있다.

당시에 이미 아스트롤라베를 가지고 수평선을 기준으로 태양의 고도를 계산함으로써 위도를 알 수 있기는 했다. 그러나 경도는 여전히 '어림값'에 만족해야 했는데, 마침 천문학에 박학다식한 예수회 선교사들과의 접촉이 이루어지면서 많은 도움을 받을 수 있었다.

 적도

 마다가스카르

남회귀선

1690년 3월 21일 화요일

첫 번째 시련이 닥쳤다. 에퀘이호의 선원 한 명이 돛대 꼭대기까지 기어 올라갔다가 그만 바다로 떨어졌는데, 끝내 물 위로 떠오르지 못했다.

1690년 3월 27일 월요일

적도에 점차 가까워지고 있다. 날치 떼가 범선 안으로 정신없이 날아든다.

1690년 4월 12일 수요일

가이야르호의 선원 한 명이 상어가 득실거리는 바다로 추락하더니, 얼마 안 있어 같은 배의 또 한 사람이 열병으로 죽었다. 그의 주검 앞에 경건한 묵념을 드린 후, 발목에 포 두 알을 매달아 무겁게 만들어 바다로 밀어 넣었다. 이는 뱃사람들의 오랜 관습으로, 바다는 그들에게 삶의 터전이자 무덤이다.

1690년 4월 23일 일요일

우리 배의 선장이 병이 났다. 모두들 선장의 건강을 염려하며 침울해했다. 결국, 선장은 발병한 지 며칠 만에 세상을 떠났다. 명복을 비는 마음으로 허공을 향해 조포 여섯 발을 15분마다 한 번씩 쏘았다.

1690년 4월 29일 토요일

적도를 지날 때, 배에서는 으레 적도제赤道祭*가 아주 흥겹고 재미나게 벌어진다. 이번에는 우리 선장의 장례를 치르느라 얼마간 미뤄질 수밖에 없었다. 옛날 사람들로 변장한 사람들이 어디선가 불쑥 튀어나온다. 얼굴은 온통 그을음으로 검게 칠하고, 허리춤에는 온갖 부엌 집기들을 주렁주렁 달고 나타나서는, 커다란 함지에 적도를 처음 통과하는 신참들을 빠뜨린다. 이어서 신참들 순서다. 높다란 장루와 돛대에 기어 올라간 신참들은 조금 전 자신들을 골탕 먹인 고참들에게 물바가지를 쏟아 부어 고스란히 되갚아준다. 그렇게 한바탕 웃음바다에 빠져 새내기들을 위한 흥겨운 세례가 끝나고 나면, 다들 모금함에다 돈을 약간씩 던져 넣는다. 그렇게 모인 돈으로 우리는 첫 기항지에서 신선한 고기와 야채를 살 것이다. 다행히 이미 한 차례 치른 뒤여서 모두들 나는 가만 내버려 두었다.

1690년 5월 2일 화요일

서풍을 찾아야 한다. 서풍을 타야 남회귀선과 희망봉을 지나기가 수월하기 때문이다. 저수탱크의 물을 아끼기 위해 모두들 내 명령에 따라 일제히 빗물을 받아 두었다. 시간이 지날수록 받아놓은 물에도 결국엔 벌레가 들끓겠지만, 우선 빗물이라도 받아서 마실 수밖에 없다.

1690년 5월 12일 금요일

어제 저녁, 남회귀선을 통과했다. 북회귀선에서는 적도까지 39일이 걸렸지만, 적도에서 남회귀선까지는 24일이면 된다.

 마다가스카르
 코모로 군도
적도
 실론
 퐁디쉐리

1690년 6월 23일 금요일

마다가스카르Madagascar 섬을 지나 코모로Comoros 군도에 도착했다. 프랑스는 요즘 여름이지만, 이곳은 한겨울이다. 항구에 내려 열여섯 명의 괴혈병 환자들을 돌봐 주어야 하므로, 한 주 동안 이곳에 머물 것이다.

괴혈병은 '대항해의 시대'라 일컬어지는 15세기부터 18세기 무렵까지 뱃사람들이 흔히 걸리는 병이었다. 오랜 항해 기간 중에는 신선한 과일과 채소를 적절히 섭취하지 못하기 때문이다. 치아의 뿌리가 드러나거나 출혈이 일어나기도 하며, 더 심해지면 사망에 이르기도 한다. 그러나 배추나 레몬처럼 비타민 C가 풍부한 음식을 꾸준히 섭취하면 괴혈병을 극복할 수 있다.

1690년 7월 3일 월요일

목재와 물, 과일, 채소뿐만 아니라 소고기, 어린 염소 고기, 닭고기까지 모두 싣고 다시 출항했다. 어디선가 갑자기 영국 상선 필립 하버트Philippe Harbert호가 눈에 들어왔다. 그런데 그 배의 선장은 선체에 구멍을 뚫은 후, 작은 보트를 타고 허겁지겁 도망쳐 버렸다. 부하들은 불타는 배와 함께 죽거나 허겁지겁 바다로 뛰어들었다가 상어의 밥이 되고 마는데도, 모든 것을 뒤로 한 채 혼자만 살겠다고 잘도 줄행랑친 것이다. 우리 모두는 실망했다. 적어도 그 배에 실렸던 물건만은 건지기를 바랐기 때문이다. 목수들은 총포를 맞아 구멍이 뚫린 선체와 너덜너덜해진 돛을 일주일 안에 수선해야 한다.

1690년 7월 21일 금요일

제독함에 타고 있던 선원이 또 바다에 빠졌다. 출항한 이래로 벌써 세 번째 일이다. 우리는 네덜란드가 연안의 향신료 무역을 독점하고 있는 실론Ceylon에 도착했다. 인도까지는 아직도 22킬로미터나 남았는데도, 그곳에 무성하게 자란 사탕수수와 클로브 냄새가 벌써 나는 것 같다며 모두들 호들갑을 떨었다. 하지만 공기를 아주 깊이 들이마셔 보아도 나는 아무 냄새도 맡지 못하겠던데……

1690년 7월 29일 토요일

우리 함대는 쌀, 무기, 약, 은을 실은 네덜란드 상선 바타비아의 몽포르Monfort Van Batavia호를 접수했다. '바타비아'는 네덜란드어로 자카르타Jakarta를 가리킨다. 우리 선원들은 네덜란드 배를 아예 거덜 내고, 심지어 옷 속에다 물건을 슬그머니 감추었다. 하지만 그런 짓은 프랑스로 돌아가면 영락없는 처벌감인 것을!

1690년 8월 10일 목요일

아홉 발의 포성이 퐁디쉐리에 입성하는 우리를 환영했다. 퐁디쉐리에는 이미 프랑스 무역관이 설치되어 있다. 제독함 가이야르호가 '이에는 이, 눈에는 눈'으로 영국 함대에 맞서 준 것이다. 이 도시에서 옷감, 후추, 목화 솜, 비단 그리고 화약의 주원료인 벵골 산 질산칼륨*과 화약을 얻을 수 있으므로, 우리는 12일간 이곳에 머물 계획이다.

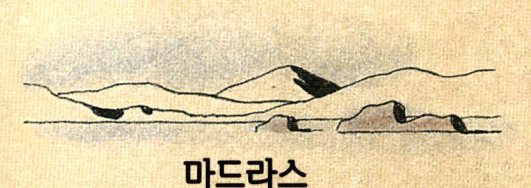
마드라스

발라소르

벵골 만

1690년 8월 25일 금요일

우리는 인도의 마드라스Madras를 얻기 위해 인근 앞바다에 정박했다. 그러나 이후, 영국 배 다섯 척과 네덜란드 배 아홉 척의 연합 함대를 상대로 꽤 고전했다. 적의 함대를 보호하기 위해 요새가 지원 포격을 하고 있었기에, 우리는 포기하고 돌아설 수밖에 없었다.

봄베이Bombay와 마찬가지로 마드라스 역시, 영국이 가장 먼저 깃발을 꽂는 바람에 네덜란드가 점령하지 못한 여러 도시들 중 하나이다.

1690년 8월 26일 토요일

우리는 영국 상선을 접수한 후, 배를 바싹 갖다 대고 내부를 샅샅이 뒤졌다. 나는 배의 선창에 켜진 촛불을 끄려다, 하마터면 불을 낼 뻔 했다. 영국인들은 배든 짐이든 그 어떤 것도 우리 손에 넘기지 않기 위해 끝까지 저항했지만, 결국엔 모두 버리고 황급히 달아나 버렸다.

1690년 9월 첫째 주~둘째 주

벵골Bengal 만에 위치한 발라소르Balasore에 정박한 우리는 채소와 가축을 새로 장만한 후, 다시 출항했다. 그러나 이내 악천후를 만나 배들이 모두 뿔뿔이 흩어지고 말았다. 그러자 선장들이 다들 몹시 불안해했다. 적들의 배가 난입할 수도 있는 바다 한가운데에서 홀로 떨어져 나와 항해하는 것은 위험천만한 일이다.

1690년 10월~12월

겨울철 악천후가 시작되었다. 잠시 머물기 위해 우리는 벵골 만 앞바다에 닻을 내렸는데, 먼저 와 있던 다른 배들과도 합류했다. 비가 많이 내리는 이곳은 끔찍하게 무더운 날씨가 일으키는 열사병으로 열 명 중 한 명꼴로 목숨을 잃는다. 설령 병에 걸리지 않더라도, 악어가 들끓는 바다에서 수영을 하거나 호랑이와 물소, 코끼리가 천지인 숲 속을 홀로 거니는 것은 거의 목숨을 내놓는 일이라, 누구도 감히 엄두를 내지 못한다. 배에 실을 상품들을 주문하는 것에서부터 인수에 이르기까지 업무 일체를 나 혼자 맡고 있다 보니, 처리해야 할 일들이 눈앞에 늘 산더미처럼 쌓여 있다.

아무래도 동쪽에서 서쪽으로 부는 바람을 타야 귀항이 훨씬 더 순조로웠을 것이다. 그러니 10월부터 12월까지는 무역풍의 방향이 바뀌기를 기다리면서 건강에 해로운 날씨가 계속되는 겨울철을 견딜 수밖에 없었을 것이다.

풍디쉐리 적도 남회귀선

아상시옹 섬

마르티니크

남회귀선 적도

1691년 1월 12일 금요일

프랑스로 돌아가기 전까지 우리는 퐁디쉐리에서 12일간 머물 예정이다. 배는 무역품이 가득 실려 묵직하고, 짐짝에다 가금류까지 온통 걸리적거리는 것들이 많다보니, 포대로 접근하기가 결코 쉽지 않다. 다행히 지금은 적의 상선과 마주칠 가능성은 없어 보인다. 적도의 열기와 무역풍이 몰고 온 비가 조금씩 내리기 시작한다.

여기에서 '무역품'이란, 차와 커피는 물론이고 면직물, 비단, 후추 그리고 화약의 주원료인 질산칼륨 등이 주를 이루었을 것이다.

1691년 3월 1일~3일

사흘간 몰아친 태풍에 아주 제대로 당했다. 우리 함대의 조종타가 부서지고 선원들이 실종되었다. 배가 침몰할 경우에 자살할 결심으로 나는 총을 준비해 두었다. 다시 파도가 잠잠해지자, 참혹한 피해의 흔적이 낱낱이 드러났다. 빵과 쌀, 짐짝들이 흠뻑 젖어서 죄다 버리게 생겼다. 가축의 삼분의 이는 온데간데없이 사라져 버렸다. 배는 온통 물바다가 되어 버렸다. 어느 선원은 너무 두려운 나머지, 마치 혈관에 피가 얼어붙어버린 듯 옴짝달싹 못하고 있었다.

1691년 4월 9일 월요일

배를 수선하기 위해 입항한 함대를 뒤로 하고, 우리 배는 마침내 희망봉을 돌았다! 그러나 희망봉에는 악천후에 따른 위험이 늘 도사리고 있다. 무사히 살아남았음을 비로소 깨달은 우리는 감사하는 마음으로 '테 데움Te Deum'*을 불렀다.

1691년 5월 7일 월요일

에퀘이으호는 아상시옹 섬Ile de l'Ascension을 떠났다. 사실 우리는 그곳에서 다른 배들과 합류하기를 바랐었다. 하지만 우리 배에 느닷없이 페스트가 돌기 시작하는가 싶더니, 삽시간에 쉰 두 명의 환자가 속출했다. 나는 그간 저민 마늘을 우려낸 마늘차를 아침마다 마셔온 덕분에 다행히도 예방 효과를 좀 보는 것 같다. 과자에는 벌레가 우글거린다. 걸신들린 어떤 이는 쥐를 잡아먹기도 한다. 심지어 구더기를 마치 버터나 잼이라도 되는 듯 빵에 바르더니 거리낌 없이 통째로 씹어 먹어 버린다.

1691년 6월 4일 월요일

우리는 마르티니크La Martinique 섬의 포르루와얄Fort Royal에 정박하고 있다.

 포르루와얄
북회귀선
 벨일
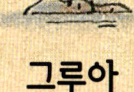 그루아
 로리앙

1691년 7월 3일 화요일

우리는 마르티니크 섬을 떠났다. 에케이호는 마침내 수리가 끝난 배를 되찾았다. 여덟 척의 군함, 생말로의 어느 해적선 그리고 남회귀선까지 우리 배의 호위를 원했던 열다섯 척의 상선들이 다함께 움직였다.

1691년 7월 11일 수요일

북회귀선을 넘어 안전한 지역으로 들어섰다. 이제부터는 해적을 두려워할 필요도 없으니, 함께 온 열다섯 척의 상선들도 더 이상 우리의 에스코트가 필요 없다.

1691년 8월 19일 일요일

마침내 벨일Belle-Ile과 그루아Groix가 한눈에 들어온다.

1691년 8월 20일 월요일

함대가 로리앙항에 닻을 내렸다. 이렇게 해서 우리는 긴 여정에 마침표를 찍었다.

대개는 귀항하기까지 2~3년씩 걸리는 뱃길을 우리는 1년 반 만에 돌아왔다. 하지만 도중에 배 여섯 척에 한 척, 또는 서너 명에 한 명꼴로 익사하거나 괴혈병에 걸리기도 했으며, 열병에 걸리거나 적선의 공격에 희생되어 살아서 돌아오지 못한 이들도 많았다.

지금까지 소개된 여행기에는 길을 떠났던 사람들의 목숨을 위협하는 거친 환경과 힘겨웠던 순간들이 매우 생생하게 묘사되었다. 길을 떠났던 사람들이 잃은 것이 많기는 했지만, 얻은 것은 훨씬 더 많았을 것이다.

미주

* **항해왕자 엔리케** Infante Dom Henrique o Navegador, 1394년~1460년: 포르투갈이 아프리카의 희망봉을 돌아 인도양으로 나가는 항로를 개척하는데 기여한 포르투갈의 왕자이다. 사그레스 성에 '빌라 두 인판트 Vila do Infante(왕자의 마을)'을 세우고, 그곳에 유럽과 아랍의 항해사와 지리학자들을 불러 모아 이들을 후원했다.

* **바스코 다 가마** Vasco da Gama, 1469~1524: 인도로 가는 신항로의 개척자로, 왕의 명을 받고 1497년, 리스본을 출항하여 그해 11월에 희망봉에 도착했다. 그 뒤 인도양을 횡단하여 1498년 5월, 인도의 캘리컷에 도달하였다. 이로써 인도행 직항로가 열렸을 뿐만 아니라, 포르투갈이 인도와의 무역을 독점할 수 있는 기초가 마련되었다.

* **해군 조병창** Arsenal: 전함을 건조하고 수리하기 위한 시설로, 해군의 무기와 탄약 등의 설계, 제조, 유지관리, 수리, 저장 및 보급 등을 위해 사용되는 군대 직속의 공장이나 기관을 가리킨다.

* **포르톨라노** Portolano **해도**: 중세와 르네상스 시대에 주로 사용된 해도이다. 나침반의 중심으로부터 사방으로 뻗어나가는 직선을 그려 넣어서 만든 해도로, 나침반을 이용하는 항해를 위해 제작된 것이다. 항구와 해안에 대한 정밀한 묘사가 특징이다.

초기에는 지중해와 흑해 연안에 한정되어 제작되었지만, 점차 대서양까지 지도 제작 영역이 확대되었다. 대항해 시대에는 아메리카 대륙과 인도양 연안까지 그려진 해도가 등장했다. 포르톨라노는 유럽인의 세계관이 넓어졌음을 보여주는 증거물이다.

* **인도회사**: 17세기 초 영국, 네덜란드, 프랑스 등이 자국에서 동양에 대한 무역 독점권을 부여받아 인도에 설립한 무역회사이다. 1600년에는 영국, 1602년에는 네덜란드, 1664년에는 프랑스가 각각 설립했다. 세 나라는 인도 내에서의 독점권을 위해 격렬하게 다투었는데, 1757년, 인도의 벵골 만에서 일어난 '플라시 전투'에서 영국이 승리함으로써, 인도에서의 무역권은 영국이 거의 독차지하게 되었다. 그러나, 동인도회사는 점차 부정부패에 빠져 정치적으로 비난 여론에 휩싸이게 되었고, 결국 '세포이 항쟁'을 계기로 1858년, 인도령을 영국 왕에게 바치고 해산하였다.

* **라 레위니옹** La Réunion: 아프리카 남동부 마다가스카르 섬 동쪽 해상에 있는 섬이다. 이 섬을 발견한 사람은 1513년, 포르투갈의 항해사 페드루 마스카레나스였다. 한때 네덜란드의 지배를 받았지만, 1643년에 프랑스가 점령하여 부르봉 섬으로 바꾸었다가, 1793년에 '라 레위니옹 섬'이 되었다.

* **꼴베르** Jean-Baptiste Colbert, 1619 ~ 1683: 루이 14세의 재상이었다. 상인 집안 출신인 그는 프랑스식 중상주의를 확립함으로써, 국위선양과 경제 발전에 기여했다. 꼴베르는 국력을 기르기 위해서는 많은 금과 은을 확보해야 하며, 이를 위해서는 무역을 진흥시키고 산업 활동을 장려해야 한다고 주장했다. 그는 해외 식민지의 획득에도 노력했다. 그러나 프랑스식 중상주의는 국력을 단기간에 강화하는 데에는 성공적이었으나, 경제 부분에서의 철저한 국가 규제와 통제는 상업의 자유로운 발전을 저해하는 측면 때문에 반발을 사게 되었으며, 그의 죽음으로 결국 무산되었다.

* **로베르 샬** Robert Challe, 1659~1721: 루이 14세의 재상이었던 꼴베르의 추천으로 재무 회계를 담당하는 국왕 재무관으로서 공직 생활을 시작했다. 그는 공인으로서 기밀 누설에 걸릴 우려가 있어 필명으로 『동인도

회사를 향한 여행기」라는 제목으로 책을 냈지만, 1970년에 비로소 그의 작품임이 밝혀졌다. 그가 필명을 사용하게 된 배경은 1717년에 파리의 어느 카페에서 선동적인 발언을 했다는 이유로 간첩죄로 샤틀레Chatelet 감옥에 투옥된 경험이 있었기 때문이다. 출옥한 후 파리에서 추방되었다.

＊퐁디쉐리Pondicherry：인도 남동부에 위치하며, 프랑스 동인도회사의 본사가 있었던 도시이다. 1674년, 프랑스가 매입한 이후부터 프랑스 무역의 중심지 역할을 했다. 17세기 말, 프랑스와 네덜란드가 식민지로 확보하기 위해 경쟁한 곳이며, 1761년에 인도가영국의 식민지가 되었으나, 인도의 동해안 일대에 속하는 찬데르나고르, 퐁디쉐리 등의 무역항들은 1949년까지 프랑스의 지배를 받았다.

＊로리앙Lorient 항구：프랑스의 브르타뉴에 있는 항구이며, 역사적으로는 대서양으로 나아가는 프랑스의 관문이라 할 수 있다. 루이 13세에 의해 요새가 지어졌고, 이어서 인도에 프랑스의 동인도회사가 설치되면서 주요 무역항이 되었다.

＊뒤 쿠스네 후작Marquis Du Quesne, 1700 ~ 1778：북아메리카의 프랑스 식민지인 '뉴 프랑스New France'의 총독이었다. 그는 1752년부터 1755년까지 북아메리카에서 벌어진 '프랑스-인디언 전쟁'을 통해 유명해졌는데, 1755년에 건설된 '쿠스네항'은 그의 이름을 따서 붙여진 것이다. 쿠스네항은 오늘날 피츠버그Pittsburgh가 되었다.

＊예수회：스페인의 이그나스 드 로욜라Ignace de Loyola가 설립한 수도회로, 교황에 대한 절대 복종과 엄격한 규율을 특징으로 하며, 유럽에서의 신교 확대 방지와 함께 아시아, 아프리카 대륙에 대한 선교 사업을 전개하였다. 선교사들은 아시아와 아프리카 지역에 종교와 근대 과학을 전해주었으며, 식민지 개척의 협력자였다. 예수회는 빠르게 성장하여 가톨릭 신앙을 옹호하고 부흥시키는 반종교개혁에 기여했다.

＊카보베르데Cabo Verde：대서양에 있는 카보베르데 제도로 구성된 섬나라이다. 1456년, 포르투갈에 의해 발견된 후 1495년까지 포르투갈 국왕의 개인 소유지였다가, 그 후 식민지화되었다. 당시 노예 무역의 중간 기지이자, 대서양 횡단 포경선 및 화물선의 기항지 역할을 하였다.

＊적도제Baptême de la Ligne：배를 타고 적도를 처음으로 지나는 새내기 항해사들을 위한 환영 행사이자, 그들이 거친 바닷길에서 무사히 살아서 귀항하기를 기원하는 의미로 흥겨운 분위기로 열리는 선상 축제이다.

＊흑색화약과 질산칼륨：인류가 가장 오래전부터 사용해 온 화약이 흑색화약이다. 우리나라에서는 예로부터 질산칼륨을 '염초'라 부른다. 흑색화약을 만들기 위해서는 질산칼륨・황・목탄의 혼합 비율을 정확히 맞추어야 하는데, 질산칼륨을 자연에서 추출하는 것이 핵심기술이었다. 흑색화약의 특징은 불이 잘 붙고 타는 시간이 길다는 점이다.

＊테 데움Te Deum：가톨릭 교회에서 축제나 미사 시에 위험으로부터의 구원을 감사하기 위해 부르던 경건한 분위기의 라틴어 성가이다. 근세 이후로는 나라 안의 경사나 승전을 축하하기 위해 부르는 웅장하고 환희에 넘치는 분위기의 노래가 되었다.

에필로그

회상

꿈결처럼 곱고 부드러운 비단, 이국적인 맛과 향을 가진 향신료, 생존을 위해 없어서는 안될 소금, 태양을 닮은 눈부신 황금, 치열한 경쟁과 갈등의 불씨가 된 차. 간절히 원하는 것, 꼭 필요한 것에 마치 이끌리듯 떠나는 사람들의 발걸음이 길을 열었다. 낙타를 이끌고 사막을 횡단하는 대상으로부터 험난한 바닷길을 항해하는 상선들에 이르기까지, 사람들은 오랜 세월에 걸쳐 차근차근 대륙과 바다를 섭렵해 나갔다. 그러나 도중에 사막과 대양을 횡단한 적도 있고, 도적떼와 해적의 공격을 받거나 폭풍우와 태풍을 만나, 한순간에 모든 것을 잃은 적도 있었다. 투아레그 족의 '라고'와 뱃사람들의 '적도제'를 체험했고, 태양과 별이 가리키는 방향대로 길을 가다가 피할 수 없는 자연의 힘에 맞닥뜨릴 때는 인간이 가진 힘의 한계를 느끼기도 했다. 사막과 바다, 두 극한의 환경 모두, 인간에게 커다란 위협인 것은 마찬가지였다. 인간이 가진 모든 것을 동원해야만 살아남을 수 있는 최악의 조건이기 때문이다. 그럼에도 불구하고 사막과 바닷길은 여러 대륙의 사람들과 문명이 한데 모이는 '교차로'가 되었다. 사람들은 자신이 갖지 못한 것 혹은 다양한 문명들을 이 교차로에서 만날 수 있었다.

15세기까지는 아랍인들이 대부분의 교역로를 지배했으며, 아랍에서 온 물건들에 매료된 유럽인들의 가슴은 꿈에 부풀었다. 그것들은 하나같이 모양과 색깔이 신기하고, 생전 처음 느껴보는 감촉인데다 그 냄새와 맛은 유럽인들의 오감을 자극할 만큼 매혹적이었다. 꽤 오랜 세월 동안 아랍인들은 바다와 대륙으로 난 무역로를 독점하고 수없이 많은 것을 발명했다.

그러나 신대륙의 발견과 함께 대항해의 길이 열리자, 점차 교류의 방향과 성격에도 변화가 일어나기 시작했다. 앞선 기술력과 함께 우수한 군사력까지 갖춘 유럽인들은 빠르게, 멀리까지 이동할 수 있었다. 그 후 약 3~4세기 동안, 유럽의 여러 나라들은 상품을 유통·판매할 수 있는 새로운 길을 열었는데, 아프리카와 아메리카에 이어 아시아까지도 손을 뻗어 식민지를 개척할 수 있었다.

오늘날의 무역은 세계화의 바람을 타고, 이동 시간을 최소화함으로써 '오래된 길'에 많은 변화를 몰고 왔다. 이제는 단지 필요한 물건을 얻거나 구입하기 위해 직접 먼 길을 떠나는 일은 없다.

다시, 길을 꿈꾸다.

그렇지만 지금도 끊임없이 광활한 세계를 꿈꾸며 길을 떠나는 사람들이 있다. '럼Rum의 길'을 따라 떠나기도 하고, '퀘벡Quebec-생말로Saint Malo 대서양 횡단 요트 경기'에 참여하여 대양을 가로지르는 험난한 여정을 감행하기도 한다. 이는 어쩌면 최초의 탐험가들이 바닷길에 남긴 흔적을 따라가는 기분을 느끼기 위함일 것이다. 그런가 하면, 이색적인 문화와 생활양식에 대한 특별한 호기심에 이끌려 길을 떠나는 사람들도 있다. 그러나 어떤 길을 떠나든, 모두가 갈망하는 것은 오직 하나! 더 넓은 세상을 '경험'하고, 그것을 통해 세상을 바라보는 '시야를 넓히는 것'이다.

슈퍼로드 – 파노라마 : 비단, 향신료, 소금, 황금, 차

1판 1쇄 발행 2015년 1월 12일
1판 2쇄 발행 2022년 11월 2일　　**전자책 발행** 2017년 9월 20일

지 은 이 아니크 드 쥐리
그 린 이 크리스토프 메를렝
옮 긴 이 이윤정 · 조청현

펴 낸 이 이윤정
펴 낸 곳 책, 세상을 굴리다
기　　획 조청현
편　　집 박지훈 · 서예지
디 자 인 양종명

출판등록 제251000-2013-000061호
주　　소 08298 서울특별시 구로구 공원로3, 611(구로동, 선경오피스텔)

대표전화 02-861-0363, 0364
팩　　스 02-861-0365
이 메 일 lingercorp13@gmail.com

ISBN 979-11-951779-4-3 (43900)　　**e-ISBN** 979-11-87453-13-0

이 도서의 국립중앙도서관 출판예정도서목록(CIP)은 서지정보유통지원시스템 홈페이지(http://seoji.nl.go.kr)와 국가
자료공동목록시스템(http://www.nl.go.kr/kolisnet)에서 이용하실 수 있습니다.(CIP제어번호:CIP 2014036323)

- 이 책의 저작권은 저자에게 있습니다.
　서명에 의한 저자와 출판사의 허락 없이 내용의 전부 혹은 일부를 인용하거나 발췌하는 것을 금합니다.
- 책값은 표지 뒤에 있습니다.
- 파본이나 잘못된 책은 바꿔드립니다.

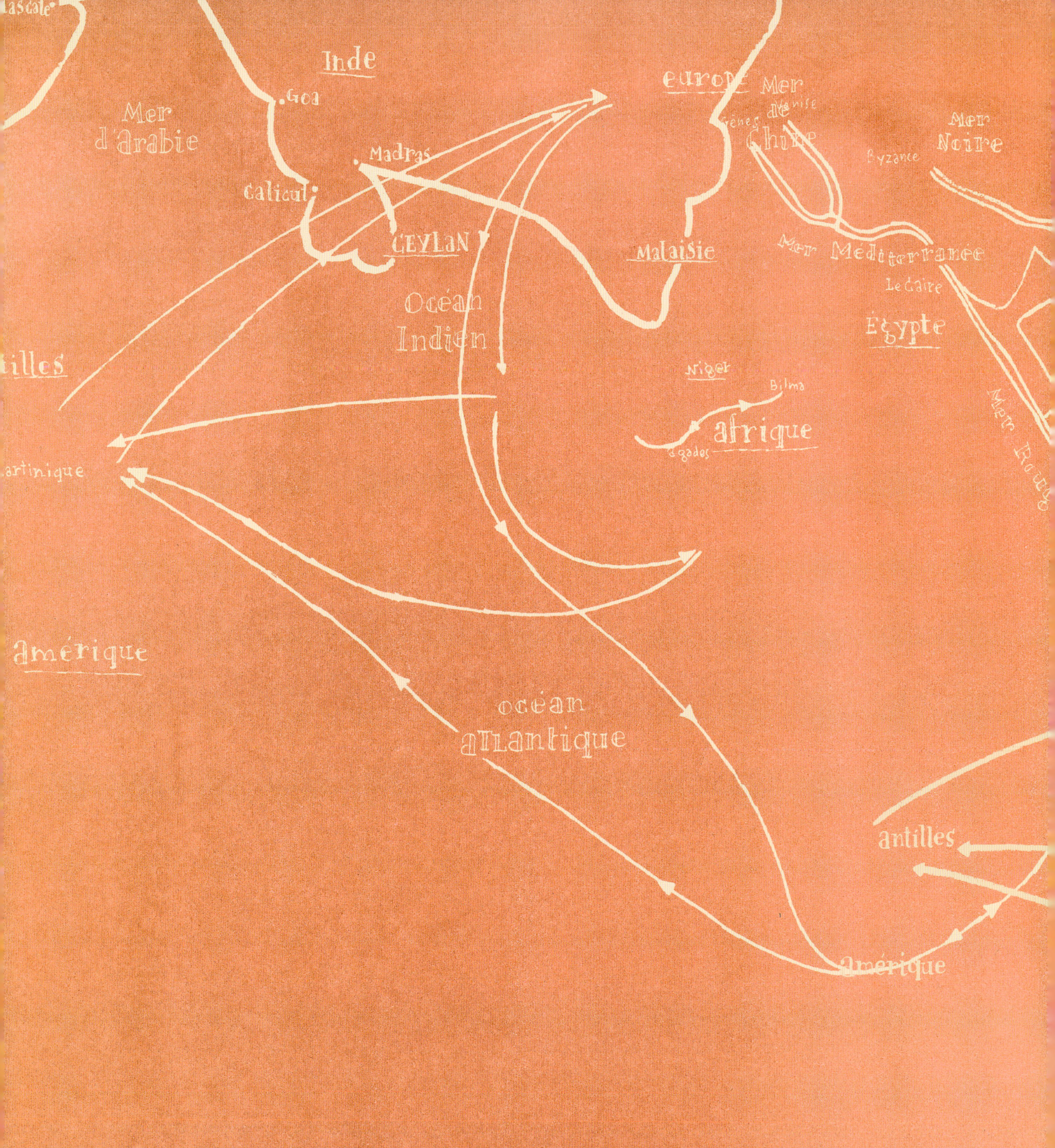

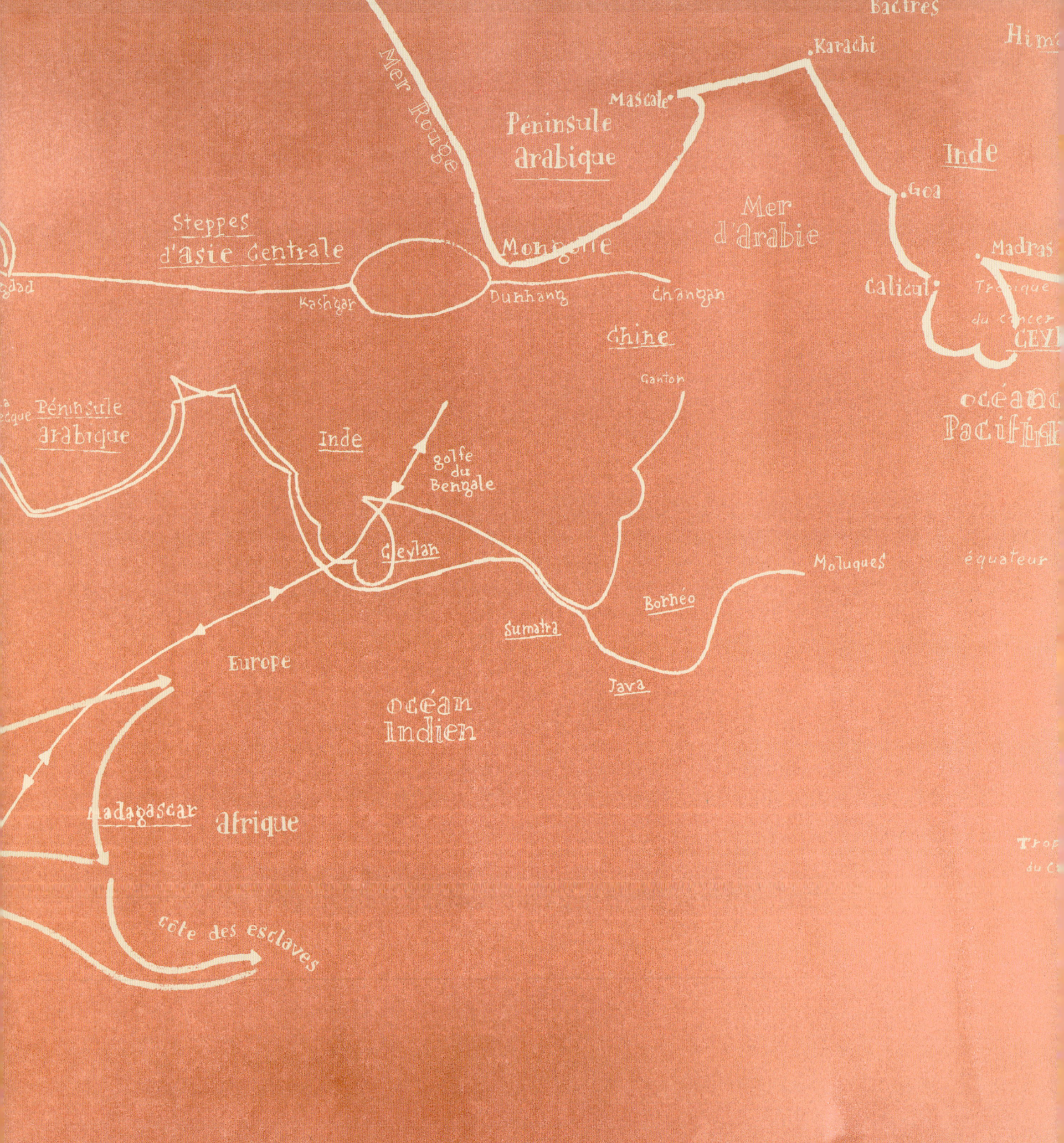